KB267116

为旅行，留学以及商务人士量身定做的

自信满满

通^통韩国语

徐志伟 (서지위)
- 曾任山东大众日报编外记者
- 毕业于韩国建国大学 大学院
- 曾任央视和新加坡新传媒集团联合主办的2007国际大学群英辩论会韩国代表队教练
- 曾任韩国视频教育节目《在新闻中学习新鲜的汉语》的中文讲师并参与教材编辑审查工作
- 曾在韩国LG家族集团LIG集团旗下公司任职
- 《自信满满通汉语》作者
- 《自信满满通韩国语》作者
- 韩国垂直搜索引擎"后이즈세프"（现为"다이닝코드"）初期创始人之一
- 现任韩国美芝国际会社理事，为韩国护肤品牌MISS NAMI（米思纳美）共同创始人之一，并创办了厦门米芝进出口有限公司

张志连 (장지연)
- 毕业于韩国釜山东亚大学韩国国语国文学科
- 就职于韩国大型学院教授韩国语15年
- 《WOOGONGBI》（韩国最有影响的中小学教科书参考教材）国语国文审查委员会委员
- 文学作品曾经荣获韩国第一届京畿道财团随笔文学奖
- 韩国儿童童话作家协会会员
- 《自信满满通汉语》作者
- 《自信满满通韩国语》作者
- 现任韩国儿童的森林会社社长

张贤爱 (장현애)
- 中国浙江大学深造
- 韩国儿童童话绘画研究协会会长
- 受邀参加了韩国第一届个性创新作品展示会
- 受邀参加了韩国第二届童话书作品展示会
- 《自信满满通汉语》作者
- 《自信满满通韩国语》作者
- 现任韩国美芝国际会社社长，并创办了韩国护肤品牌MISS NAMI（米思纳美）

为旅行,留学以及商务人士量身定做的

自信满满 通 韩国语

作　者　徐志伟, 张贤爱, 张志连
发行人　고본화
发　行　盤石出版社
子公司　TopMadeBook

2018年 6月 10日 改訂 第二次 印刷
2018年 6月 15日 改訂 第二次 发行
磐石出版社 | www.bansok.co.kr
电子邮件 | bansok@bansok.co.kr
博客 | blog.naver.com/bansokbooks

07547 首尔市江西区阳川路583.B栋1007号
（首尔市江西区盐仓洞240-21号 Woolim Blue 9 商务中心B栋1007号）
电　话　02) 2093-3399　传　真　02) 2093-3393
出版部　02) 2093-3395　营业部　02) 2093-3396
登录号码 第315-2008-000033号

ISBN 978-89-7172-774-4(13710)

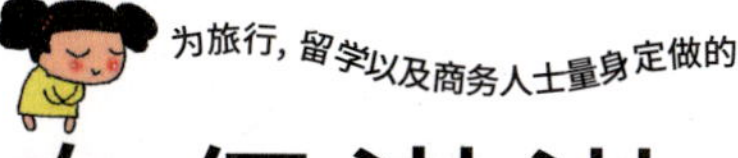

自信滿滿

前言

　　在韩国多年的生活经验告诉我，语言的学习离开了系统的语言语境，是很难把语言学好的。就好比国人学习英语一样，大多数人学的都是很难开口的哑巴英语。为什么？因为老师学习的也是哑巴英语。这样大家就只会考试了。但是语言不是用来考试的，而是用来交流的。如果熟练的掌握了一门外语，你就会觉得整个世界变大了，思路开阔了，自信增加了，安全感增强了，会唱外国歌曲了等等。如果熟练的掌握了一门外语，你就会觉得整个世界都变大了。你不仅能够和外国人流畅的交流，唱出外国歌曲，而且还拥有了更加开阔的思路与眼界，并相应而来的自信心与安全感，能够给你一个全新的人生体验。你会发现掌握一门外语，就能够打开这个语言背景文化下的一扇大门，就能够更加深度的了解当地的文化。当然，学习语言不仅要系统化，还要趣味化。要懂得用这个语言去思考，去表达，去深度交流。

　　学习外语，最最重要的就是"说出来！说出来，说出来！"没错，这对于学习外语来说非常非常重要。你把书中的相应语句讲出来，韩国的朋友们才会帮你纠正发音的问题，如果不这样做，你会一直把韩语含在嘴里，就算是语法再熟悉，KPT分数再高，也最多是个残疾"韩语"。语言是自然形成的，是先有的韩国语，后来才有了韩国语语法。"说"永远比"看"和"写"重要，没有一个韩国人为了说一句完整的话，而首先考虑韩国语的语法，就像你在说汉语的时候，也不考虑语法一样。要先要做的只是说出来。所以，本书中不包含语法的成分在内。

　　最近随着中韩之间交流的日益密切，对韩国语抱有热情的国人是越来越多了。就好象韩国近几年的汉语热潮一样，已经成为了很多韩国人学习外语的首选。但是，语言类的书籍似乎有点儿跟不上现在的趋势，还是像多年前一样，语法为主，生硬无趣。我们已经受了这么多年学校应试教育之苦了，那为何就不能改一改方式，变得有趣好玩一些呢？

　　所以我考虑写这么一本书。系统性，趣味性，实用性是本书的核心思想。书中没有任何教育书籍的感觉，取而代之的是一些有趣的手绘

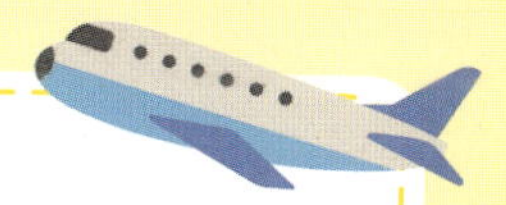

画。因为人对于图片的记忆优于对于文字的记忆，且对手绘画的识别度会更高，所以本书坚持只要能够用手绘画代替的，就坚决不用照片，从而形成本书记忆风格的整体性。在书中将近百分之九十以上都是手绘画，如此规模的手绘画韩国语教育书籍，在市面上应该算是绝无仅有的，也是本书对读者的诚意。

另外，我的下一本书已经开始在筹划。本书主要内容为初入韩国以及日常生活的场景，而下一本书的内容为韩国深度生活的场景。比如如何在酒吧、夜店中进行对话，如何妙语连珠，如何用当下流行的网络语言开玩笑等等。敬请期待！

希望本书的读者能够从本书中感受到一个不一样的语言应用，体验到一种不一样的交流方式。希望通过本书能够帮助读者打开语言的那扇大门，可以愉快的和韩国人交流，并拥有一段快乐的旅程。那么，本书的目的也就达到了。

最后，虽然结尾很俗气，但确实也是我想说的感谢语。感谢本书的绘画作者，MISS NAMI（米思纳美）韩国护肤品牌创始人张贤爱女士和认真校阅的张志连女士。还要感谢所有的参与本书校阅工作的小伙伴们。另外，还要感谢我的家人，以及华胜集团王金清董事长，宏安集团周青董事长，正汉集团赵磊副总裁以及聚变整合传播机构首席合伙人及设计总监许剑锋等各个集团公司的负责人给予本书创作与创新的大力支持与帮助。

感谢！感恩！

2016年 6月

徐志伟

中文辅助编辑及校阅

徐静宇(서정우)
- 毕业于韩国建国大学 大学院
- 曾在韩国从事中英韩方面的翻译工作
- 曾在韩国从事网络通信事业
- 现在韩国从事半导体事业

校阅
- 金燕，金筱晨，金筱翎，高莉莉，陈贤，沈珠

目次

目次

开始吧

韩语介绍

韩语的定义：韩语也称为韩国语，是韩国人所使用的语言，在中华圈国家（受中国文化影响深远的国家）又被称为朝鲜语。使用韩语的人口主要集中在韩半岛，据统计全世界使用韩语的人口约有7700万人(2010)。韩语词汇中包括纯固有词，汉字词和外来词三类，汉字词已经慢慢渗透进纯固有词中，这是由于从古时候起韩国就与中国有很多接触，其语言也受到了中文潜移默化的影响，导致现在韩语词汇中的汉字词占到了一半以上（约60%）。

在韩国的三国时期（高句丽，百济，新罗）汉字就主导了三国的文化生活，这种状态一直持续到近代化之前的19世纪末。那时的韩国，语言使用韩语，文字借用汉文的双重系统延续了相当长的一段时间，致使大量的汉字渗透到了韩语当中。

在世宗大王于1443年创建了《训民正音》之后，出现了这样简单易学的标记性韩语，但是之后流传下来的相当一部分韩语文献中仍然夹杂着汉字的痕迹。外来词反映了各个时期韩国与他国的文化交流，在外来词中，高丽时期以蒙古语，朝鲜时期以中文，20世纪步入现代化以来以英语为主。

韩语介绍

韩语跟汉语不同，与日语皆属於表音文字的一种。也就是说，韩语字母本身并没有何意义，必须将字母组成一个或多个音节后才能组成有意义的单词。

1. 基本韩语的字音结构为：
初声（辅音）＋ 中声（元音）＋ 收尾音／韵尾（辅音）

2. 横式
1) 没韵尾（收尾音）: 辅音 ＋ 元音

ㄱ（辅音）＋ ㅏ（元音）＝ 가 ／ ㄴ（辅音）＋ ㅓ（元音）＝ 너

2) 有韵尾(收尾音): 辅音 ＋ 元音 ＋ 辅音

ㅈ（辅音）＋ ㅣ（元音）＋ ㅂ（辅音）＝ 집

ㅎ（辅音）＋ ㅏ（元音）＋ ㄹ（辅音）＝ 할

3) 有韵尾(收尾音): 辅音 + 元音 + 辅音 + 辅音

ㅇ (辅音) + ㅣ (元音) + ㅅ (辅音) + ㅅ (辅音) = 있

ㄷ (辅音) + ㅏ (元音) + ㄹ (辅音) + ㅁ (辅音) = 닮

3. 直式

1) 没韵尾(收尾音): 辅音 + 元音

ㅅ (辅音) + ㅗ (元音) = 소

ㄹ (辅音) + ㅣ (元音) = 리

2) 有韵尾(收尾音): 辅音 + 元音 + 辅音

ㅅ (辅音) + ㅗ (元音) + ㄹ (辅音) = 솔

ㄱ (辅音) + ㅡ (元音) + ㅁ (辅音) = 금

3) 有收尾声: 字音 + 母音 + 字音 + 字音

ㄷ (辅音) + ㅗ (元音) + ㄹ (辅音) + ㅅ (辅音) = 돐

ㄷ (辅音) + ㅏ (元音) + ㄹ (辅音) + ㅁ (辅音) = 닮

其本发音

韩语其础发音可分为元音, 辅音以及韵尾(收尾音)等三大部分:

元音: 又叫母音, 与辅音相对应。元音是从肺部呼出的气流在通过口腔是没有受到任何摩擦和阻力, 由于振动而产生的音。作为音素时为了与辅音区别, 又叫做母声 (vocoid)。元音分为单元音和双元音。

基本元音 (10个)

元音	ㅏ	ㅑ	ㅓ	ㅕ	ㅗ	ㅛ	ㅜ	ㅠ	ㅡ	ㅣ
标准发音	A	ya	eo	yeo	o	yo	u	yu	eu	i

双元音 (11个)

双元音	ㅐ	ㅒ	ㅔ	ㅖ	ㅘ	ㅙ	ㅚ	ㅝ	ㅞ	ㅟ	ㅢ
标准发音	ae	yae	e	ye	wa	wae	oe	wo	we	wi	ui

辅音：又叫子音，与元音相对应。语音大致可以分为元音和辅音两类，但在音声学中元音和辅音没有很大差别，也没有明显的界限。处于边界的元音被称为半元音，也可以将其看做辅音。语音发音时，元音是从肺部呼出的气流在没有任何阻力的情况下通过口腔，只靠唇形的改变发出不同的声音，而辅音是在通过发音器官时受到完全或不完全的阻碍时产生的音。

基本辅音（14个）

辅音	ㄱ	ㄴ	ㄷ	ㄹ	ㅁ	ㅂ	ㅅ	ㅇ	ㅈ	ㅊ	ㅋ	ㅌ	ㅍ	ㅎ
名称	기역	니은	디귿	리올	미음	비읍	시옷	이응	지읒	치읓	키읔	티읕	피읖	히을
标准发音	g	n	d	r	m	b	s	x	j	ch	k	t	p	H

双辅音（5个）

双辅音	ㄲ	ㄸ	ㅃ	ㅆ	ㅉ
名称	쌍기역	쌍디귿	쌍비읍	쌍시옷	쌍지읒
标准发音	kk	tt	pp	ss	jj

韵尾(收尾音)：除了 [ㄲ, ㅃ, ㅉ] 这3个音以外，韩文的14个其本辅音与另外2个双辅音都可以当韵尾(收尾音)。不过真正的韵尾发音只有7个，代表发音分别为 [ㄱ, ㄴ, ㄷ, ㄹ, ㅁ, ㅂ, ㅇ]。韵尾是挺续辅音＋元音发音再加上舌头与嘴巴开合位置不同而成发的音，也因此大部分的韵尾所发出的实际声音若且不明显，但在韩文发音里却是绝对不可忽略的重要部分。虽然在我们的中文发音体系里没有这样的收尾音，但与中国语的发音概念却很类似，因此学习时可藉由中国语的对照来联系。

收尾音	辅音,双辅音	音表	发音方式说明
ㄱ	ㄱ, ㅋ, ㄲ, ㄱㅅ, ㄹㄱ	[k]	[각]类似汉语[咖]，但在发音的同时，读出[k]的发音，[咖]发音没发完就被[k]把音给掐断了，一下子卡住喉咙的感觉。[학]类似汉语[哈]的尾声音，但收尾音急促，也是被[k]给卡住而结束，英语bookstore发音时不明显的 [k] 也是此类尾音。

ㄴ	ㄴ, ㄴㅈ, ㄴㅎ	[n]	
ㄷ	ㄷ, ㅅ, ㅈ, ㅊ, ㅌ, ㅎ, ㅆ	[t]	
ㄹ	ㄹ, ㄹㅂ, ㄹㅅ, ㄹㅌ, ㄹㅎ	[l]	
ㅁ	ㅁ, ㄹㅁ	[m]	
ㅂ	ㅂ, ㅍ, ㅂㅅ, ㄹㅍ, ㄹㅂ	[p]	
ㅇ	ㅇ	[ng]	

韩语发音表1.（辅音＋元音）

	ㅏ	ㅑ	ㅓ	ㅕ	ㅗ	ㅛ	ㅜ	ㅠ	ㅡ	ㅣ
ㄱ g	가 ga	갸 gya	거 geo	겨 gyeo	고 go	교 gyo	구 gu	규 gyu	그 geu	기 gi
ㄴ n	나 na	냐 nya	너 neo	녀 nyeo	노 no	뇨 nyo	누 nu	뉴 nyu	느 neu	니 ni
ㄷ d	다 da	댜 dya	더 deo	뎌 dyeo	도 do	됴 dyo	두 du	듀 dyu	드 deu	디 di
ㄹ r	라 ra	랴 rya	러 reo	려 ryeo	로 ro	료 ryo	루 ru	류 ryu	르 reu	리 ri
ㅁ m	마 ma	먀 mya	머 meo	며 myeo	모 mo	묘 myo	무 mu	뮤 myu	므 meu	미 mi
ㅂ b	바 ba	뱌 bya	버 beo	벼 byeo	보 bo	뵤 byo	부 bu	뷰 byu	브 beu	비 bi
ㅅ s	사 sa	샤 sya	서 seo	셔 syeo	소 so	쇼 syo	수 su	슈 syu	스 seu	시 si
ㅇ -	아 a	야 ya	어 eo	여 yeo	오 o	요 yo	우 u	유 yu	으 eu	이 i
ㅈ j	자 ja	쟈 jya	저 jeo	져 jyeo	조 jo	죠 jyo	주 ju	쥬 jyu	즈 jeu	지 ji
ㅊ ch	차 cha	챠 chya	처 cheo	쳐 chyeo	초 cho	쵸 chyo	추 chu	츄 chyu	츠 cheu	치 chi
ㅋ k	카 ka	캬 kya	커 keo	켜 kyeo	코 ko	쿄 kyo	쿠 ku	큐 ku	크 keu	키 ki
ㅌ t	타 ta	탸 tya	터 teo	텨 tyeo	토 to	툐 tyo	투 tu	튜 tyu	트 teu	티 ti
ㅍ p	파 pa	퍄 pya	퍼 peo	펴 pyeo	포 po	표 pyo	푸 pu	퓨 pyu	프 peu	피 pi
ㅎ h	하 ha	햐 hya	허 he	혀 hyeo	호 ho	효 hyo	후 hu	휴 hyu	흐 heu	히 hi

	ㄱ	ㄴ	ㄷ	ㄹ	ㅁ	ㅂ	ㅇ
가 g	각 gak	간 gan	같 gat	갈 gal	감 gam	갑 gap	강 gang
나 na	낙 nak	난 nan	낟 nat	날 nal	남 nam	납 nap	낭 nang
다 da	닥 dak	단 dan	닫 dat	달 dal	담 dam	답 dap	당 dang
라 ra	락 rak	란 ran	랃 rat	랄 ral	람 ram	랍 rap	랑 rang
마 ma	막 mak	만 man	맏 mat	말 mal	맘 mam	맙 map	망 mang
바 ba	막 bak	반 ban	받 bat	발 bal	밤 bam	밥 bap	방 bang
사 sa	삭 sak	산 san	삳 sat	살 sal	삼 sam	삽 sap	상 sang
아 a	악 ak	안 an	앋 at	알 al	암 am	압 ap	앙 ang
자 ja	작 jak	잔 jan	잗 jat	잘 jal	잠 jam	잡 jap	장 jang
차 cha	착 chak	찬 chan	찯 chat	찰 chal	참 cham	찹 chap	창 chang
카 ka	칵 kak	칸 kan	칻 kat	칼 kal	캄 kam	캅 kap	캉 kang
타 ta	탁 tak	탄 tan	탇 tat	탈 tal	탐 tam	탑 tap	탕 tang
파 pa	팍 pak	판 pan	팓 pat	팔 pal	팜 pam	팝 pap	팡 pang
하 ha	학 hak	한 han	핟 hat	할 hal	함 ham	합 hap	항 hang

最下面的发音是作者为了方便中国读者阅读而按照拼音的方式标注的韩语发音,不属于韩语标准的英文发音标注方法，请读者知悉。

本书的使用方法

1. 为了在去韩国旅游，出差以及其它事务的时候，使读者能够快速查阅并及时的使用书中内容，而精心筛选整理罗列出来了相应场景下的常用会话素材；

2. 为了能够在读者不懂韩国语的情况下现学现用，本书在韩国语下方用英文字母标注了标准发音；

3. 根据不同场景精炼出旅行必要的各种信息，所以读者也可以把本书作为旅游指导手册来使用。

固定句式
在各个场景中使用的基本韩国语句式，读者可以根据需要来把白色区域的词汇进行替换，以用来进行正确的表达。

发音标识
用英文字母标注了标准的韩国语发音，使读者都可以准确无误的念出来。

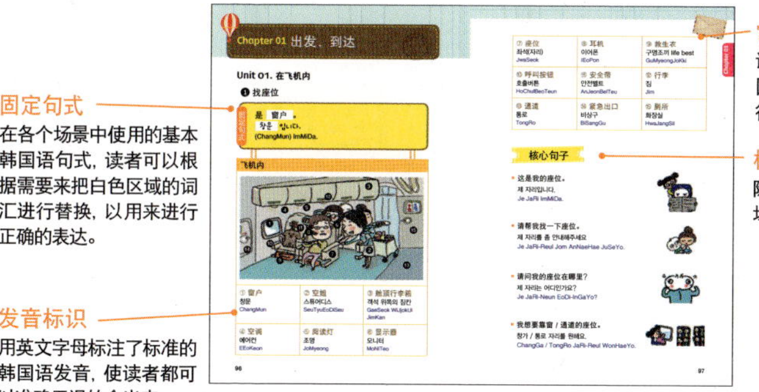

常用词汇
读者可以把这些词汇放在固定句式的白色区域来进行替换使用。

核心句子
除了固定句式之外，在相应场景下必须掌握的句子。

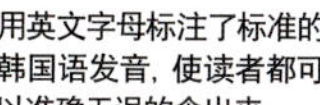

场景对话
在相应场景下，可能会产生的具有参考意义的对话。

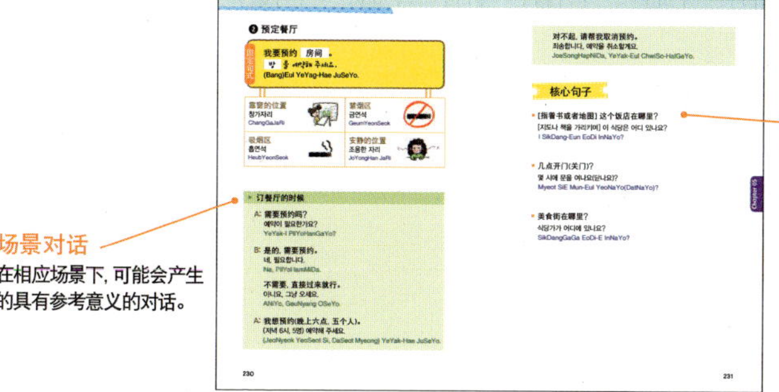

中文标识
把中文标识在最上面以便于读者能够方便快速的找到相应的语句。

PART 1

看图学韩国语精华

飞机内

① 窗户 창문 ChangMen	② 空姐 스튜어디스 SiTuOuDiSi	③ 舱顶行李箱 객석 위쪽의 짐칸 GaikSaok WeiZhukEyi JimKan
④ 空调 에어컨 EiAoKaon	⑤ 阅读灯 조명 ZhouMyaong	⑥ 显示器 모니터 MoNiTao
⑦ 座位 좌석(자리) ZwaSaok	⑧ 耳机 이어폰 YiAoPun	⑨ 救生衣 구명조끼 life vest GuMyaongZhouGi
⑩ 呼叫按钮 호출버튼 HouChurBoTen	⑪ 安全带 안전벨트 AnZhenBairTe	⑫ 行李 짐 Jim
⑬ 通道 통로 TongLou	⑭ 紧急出口 비상구 BiSangGuo	⑮ 厕所 화장실 HwaZhangXir

报纸 신문 XinMen 	韩文 한글 HanGer	英文 영어 YaongAo	日文 일어 YirAo	中文 중국어 ChungGukAo
免税商品目录 면세품 목록 MyaonSeiPum MokLok 		杂志 잡지 JabJi 		
毛毯 담요 DamYou 		枕头 베개 BeiGai 		
外国人入境卡 외국인 입국카드 WeiGukYin YibGukKaDe 		纸巾 화장지 HwaZhangJi 		

餐饮类

葡萄酒 와인 WaYin 	雪碧 사이다 SaYiDa 	可乐 콜라 KorLa 
橙汁 오렌지주스 OLeinJiJuSi 	牛奶 우유 WuYou 	咖啡 커피 KaoPi 
啤酒 맥주 MaikJu 	水 물 Mur 	饭 식사 XikSa 
叉子 포크 PoKe 	刀子 나이프 NaYiPe 	筷子 젓가락 JaokGaLak 

香烟 담배 DamBei 	酒 술 Sur 	化妆品 화장품 HwaZhangPum 
香水 향수 HyangSu 	手表 시계 XiGei 	项链 목걸이 MoGeirYi 

入境审查 1

商务出差 사업차 Business SaAobCha 	旅行, 观光 여행, 관광 Outing YaoHeing, GuanGuang 	公务 공무 Convention GongMu 
就业 취업 Employment QuAob 	居住 거주 Settle down GaoJu 	探亲 친척 방문 Visiting friends of relatives QinChaok BangMen 
留学 유학 Study YouHak 	回国 귀국 Return home GwiGuk 	其它 기타 Others GiTa 

入境审查 2

酒店
호텔
HouTer

亲戚的家里
친척집
QinChaokJib

朋友的家
친구집
QinGuJib

* 还没决定。미정입니다. MiJaongYiMiDa.

找行李

丢了。
분실했어요.
BunXirHeiAoYou.

拿错了。
바뀌었어요.
BaGwiAorAoYou.

私人物品

私人物品
개인 소지품
GaiYin SouJiPum

礼物
선물
SaonMur

纸币和硬币

旅行支票
여행자 수표
YaoHaingJaSuoPyou
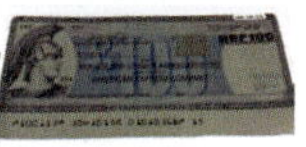

人民币
인민폐
YinMinPye

韩币
한화
HanHwa

美元
달러
DarLao

以现金的形式
현금으로
HyaonGem ELou

以支票的形式
수표로
SuoPoLou
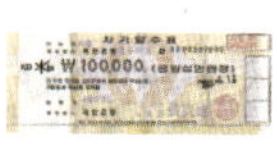

以纸币的形式
지폐로
JiPyeLou

以硬币的形式
동전으로
DongJaon ELou

地铁路线图
지하철 노선도
JiHaChaor NaoSaonDou

观光地图
관광지도
GuanGuangJiDou

观光信息资料
여행안내자료
YouHaiingAnNaiZhaLou

中文手册
중국어 팸플릿
ChungGukAo
PanFuoLir

市内地图
시내지도
XiNeiJiDao

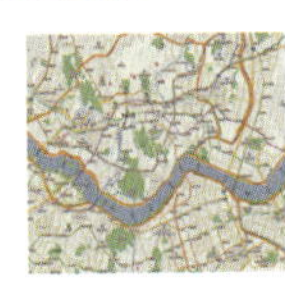

公交车路线图
버스 노선도
BaoSi LaoSenDao

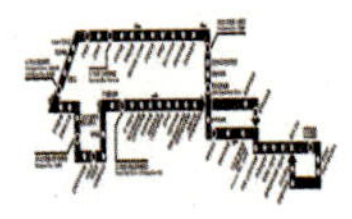

公交车时间表
버스 시간표
BaoSi SiGanPo

酒店名单
호텔 리스트
Houter RiSeTe

观光巴士指南
버스 투어 안내서
BaoSi TuAo AnNeiSao

公共交通, 公用设施

汽车站
(客运站, 汽车总站)
시외버스 터미널
XiWiBaoSi
TaoMiNaor

观光巴士站
관광버스 터미널
GuanGuangBaoSi
TaoMiNaor

客运港口(船)
여객 터미널(선박)
YaoGeik
TaoMiNaor(SaonBak)

机场巴士站
리무진버스 정류장
LiMuJinBaoSi
JaongLiuJang

公交车站
버스 정류장
BaoSi
JaongLiuJang

出租车招停点
택시 정류장
TaikXi JaongLiuJang

机场
공항
GongHang

火车站
열차역
YaorChaYaok

地铁站
지하철역
JiHaCherYaok

停车场
주차장
JuChaJang

安全出口
비상구
BiSangGu

电梯
엘리베이터
EirLiBeITao

售票厅
매표소
MaiPyouSou

自行车租赁店
자전거 대여점
JaJaonGao
DaiYaoJaom

汽车租赁店
렌트카 대여점
LeiTeKa
DaiYaoJaom

入口 / 出口
입구 / 출구
YibGuo / ChurGuo
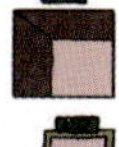

预约窗口
예약 창구
YeiYak
ChangGuo

退票窗口
환불 창구
HwanBur
ChangGuo

东西南北
동서남북
DongSaoNamBuk

(在)这里 / 那里
여기 / 저기(에서)
YaoGi / JaoGi(EiSao)

在十字路口那里
사거리에서
SaGaoLiEiSao

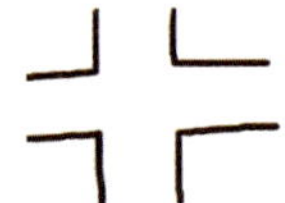

在大楼那里
건물에서
GaonMurEiSao

在巷子那里
골목에서
GorMokEiSao

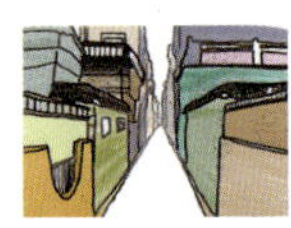

在拐角处那里
모퉁이에서
MoTungYiEiSao

在三岔路口那里
삼거리에서
SanGaoLiEiSao

(在)这边 / 那边 / 右边 / 左边 / 前边 / 后边
이쪽 / 저쪽 / 오른쪽 / 왼쪽 / 앞 / 뒤(에서)
YiZok / JaoZok / OLenZok / WinZok / Ap / Dwi
(EiSao)

人行横道
횡단보도
HwingDanBoDou

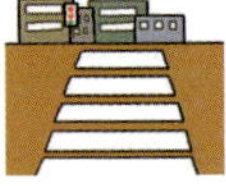

红绿灯
신호등
XinHouDeng

我迷路了。
길을 잃어버렸어요.
GirEr YirAoBaoLyaoAoYou.

我不知到这是哪里。
여기가 어딘지 모르겠어요.
YaoGiGa AoDinJi
MoReGeiSaoYou.

这个地方
이곳
YiGot

近路
가까운 길
GaKaWun Gir

干线公交车
간선버스
GanSaonBaoSe

支线公交车
지선버스
JiSaonBaoSe

广域公交车
광역버스
GwangYaokBaoSe

首尔旅游公交车
서울 시티 투어버스
SaoEur XiTi
TuAoBaoSe

公交车类型 2

直达大巴
직행버스
JikHaingBaoSe

直通大巴
무정차버스
MuJaongChaBaoSe

一般大巴
일반버스
YirBanBaoSe

优等巴士
우등버스
WuDengBaoSe

高速大巴
고속버스
GoSokBaoSe

期间

半日
반나절
BanNaJaor

当日
당일치기
DangYirChiGi

两日
2일
YiYir

三日
3일
SamYir

时间

上午
오전
OJaon

下午
오후
OHu

地铁路线

1号线
1호선
YirHouSaon

2号线
2호선
YiHouSaon

3号线
3호선
SamHouSaon

4号线
4호선
SaHouSaon

5号线
5호선
OHouSaon

6号线
6호선
YoutHouSaon

7号线
7호선
QiHouSaon

8号线
8호선
ParHouSaon

9号线
9호선
GuoHouSaon

列车站地点

售票厅
매표소
MaiPyouSou

候车大厅
대기실
DaiGiXir

行李寄存处
짐 보관소
Jim BoGwanSou

咨询台
안내소
AnNaiSou

站台
열차 플랫폼
YaoCha PerLaitPom

卫生间
화장실
HwaZhangXir

KTX
KTX
KeiTiEiSi

新村号
새마을호
SaiMaErHou

木槿花号
무궁화호
MuGungHwaHou

享受号
누리로호
NuLiLouHou

ITX 青春号
ITX 청춘호
AiTiEiSi ChengChunHou

ITX 新村号
ITX 새마을호
AiTiEiSiSaiMaErHou

列车等级

优等座
우등석
WuDengSaok

普通座
보통석
BoTongSaok

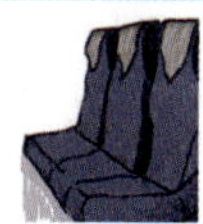

其它

站票
입석표
YibSaokPyou

空调
에어컨
EiAoKaon

单程
편도
PyaonDou

往返
왕복
WangBok

列车班次
열차번호
YaorChaBaoHou

正向
순방향
SunBangHyang

逆向
역방향
YaokBangHyang

在列车内

乘务员
승무원
SengMuWen

厕所
화장실
HwaZhangXir

飞机票

飞机票 비행기표 BiHaingGiPyou 	国内 국내 GukNai 	国外 국외 GukWi 
单程 편도 PyaonDou 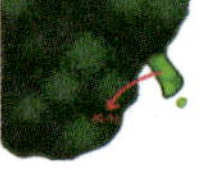	往返 왕복 WangBok 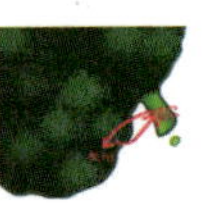	经由 경유 GyaongYou 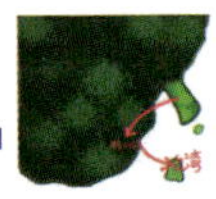
出发城市 출발 도시 ChurBar DouXi	目的城市 목적 도시 MokJaok DouXi	出发日期 출발 날짜 ChurBar NarZa
出发时间 출발 시간 ChurBar XiGan	返程日期 돌아오는 날짜 DorAONen NarZa	返程时间 돌아오는 날 시간 DorAONen Nar XiGan
舱位等级 좌석 등급 ZwaSaok DengGeb		

机场

国际线咨询台 국제선 데스크 GukJeiSaon DeiSeKe 	国内线登机口 국내선 탑승구 GukNaiSaon TabSengGuo 
国际线登机口 국제선 탑승구 GukJeiSaon TabSengGuo 	候机处 탑승 대기소 TabSeng DaiGiSou 

中型车
중형차
ChungHyaongCha

小型车
소형차
SoHyaongCha

大型车
대형차
DaiHyaongCha

跑车
스포츠카
SePoCheKa

玩的地方

闹市区
번화가
BaonHwaGa

剧院
극장
GenZhang

游泳馆
수영장
SuoYaongZhang

电影院
영화관
YaongHwaGuan

游乐场
놀이동산
NorYiDongSan

滑雪场
스키장
SeKiZhang

练歌房
노래방
NoLaiBang

桑拿
사우나
SaWuNa

夜总会
나이트클럽
NaYiTeKerLaob

动物园
동물원
DongMurWen

植物园
식물원
SikMurWen

简易设施, 公共设施

洗衣房
세탁소
SeiTakSou

网吧
PC방
PiXiBang

澡堂
목욕탕
MokYoukTang

厕所
화장실
HwaZhangXir
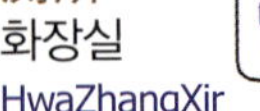

按摩房
안마방
AnMaBang

洗脚房
발 마사지
Bar MaSaJi

医院
병원
ByaongWen

银行
은행
EnHaing

药店
약국
YakGuk

公安局
경찰서
GyaongCharSao

邮局
우체국
WuCheiGuk

消防队
소방서
SouBangSao

领事馆
영사관
YaongSaGuan

图书馆
도서관
DouSaoGuan

自动柜员机
현금지급기(ATM)
HyaonGemJiGebGi
(EiTiEm)

百货商店
백화점
BaikHwaJaom

旅游咨询处
관광 안내소
GuanGuang AnNaiSou

售票厅
매표소
MaiPyouSou

韩国代表观光地

首尔 서울 SaoWur

德寿宫
덕수궁
DaokSuGung

光化门广场
광화문 광장
GuangHwaMen
GuangZhang

昌德宫
창덕궁
ChangDaokGung

宗庙
종묘
ZhongMyou

景福宫
경복궁
GyaongBokGung

首尔广场
서울광장
SaoWurGuangZhang

国立民俗博物馆
국립 민속 박물관
GukLib MinSok
BakMurGuan

国立故宫博物馆
국립 고궁 박물관
GukLib GouGung
BakMurGuan

北村韩屋村
북촌 한옥마을
BukChon HanOkMaEr

仁寺洞古董街
인사동 거리
YinSaDong GeLi

梨泰院大街
이태원 거리
YiTaiWen GeLi

三清洞路
삼청동길
SamChengDongGir

明洞
명동
MyaogDong

南大门市场
남대문 시장
NamDaiMen XiZhang

东大门时装城
동대문 패션 타운
DongDaiMen PaiSyaon TaWun

南山
남산
NamSan

京畿道 경기도 GyaongGiDou

临津阁
임진각
YimJinGak

板门店
판문점
PanMenJaom

都罗瞭望台
도라전망대
DoLaJaonMangDai

乌头山统一瞭望台
오두산 통일전망대
ODuSan
TongYirJaonMangDai

水原华城
수원화성
SuWenHwaSaong

南汉山城
남한산성
NamHanSanSaong

韩国民俗村
한국 민속촌
HanGuk
MinSokChon

国立现代美术馆
국립 현대 미술관
GukLib HyaonDai
MiSurGuan

利川陶瓷器村
이천 도예 마을
YiChen DouYe MaEr

抱川 国立树木
포천 국립 수목원
PoChen GukLib
SuMorWen

一山湖水公园
일산 호수공원
YirSan HouSuGongWen

抱川市山楂园
포천시 산사원
PoChenXi SanSaWen

九里市 高句丽铁匠村
구리시 고구려
대장간 마을
GuLiXi GouGuoLyao
DaiZhangGan MaEr

元塘 船桥酒博物馆
원당 배다리
술 박물관
WenDang BaiDaLi
Sur BakMurGuan

大田 대전 DaiJaon

EXPO科学公园
엑스포 과학 공원
EikSePo GuaHak GongWen

江原道 강원도 GangWenDou

胜利瞭望台
승리전망대
SengLiJaonMangDai

月井里站
월정리역
WenrJaongLiYaok

和平展望台
평화전망대
PyaongHwaJaonMangDai

劳动党舍
노동당사
NoDongDangSa

杨口郡亥安盆地村
양구군 펀치볼 마을
YangGuGun
PaonQiBor MaEr

头陀渊
두타연
DuTaYaon

安东铁桥
안동 철교
AnDong CherGyou

江陵市乌竹轩
강릉 오죽헌
GangLeng OJukHaon

船桥庄
선교장
SaonGyouZhang

镜浦台
경포대
GyaoPoDai

正东津
정동진
JaongDongJin

韩国野生植物园
한국 자생 식물원
HanGuk JaSaing
SikMurWen

三陟市幻仙窟
삼척시 환선굴
SanChekXi
HuanSaonGur

南怡島
남이섬
NamYiSaom

忠清道 충청도 ChungChengDou

公州 武宁王陵
무령왕릉
MuLyaongWangLeng

公州公山城
공주 공산성
GongSanSaong

扶余扶苏山城
부여 부소산성
BuYao
BuSoSanSaong

牙山独立纪念馆
아산 독립기념관
ASan
DokLibGiNyaomGuan

淺水
천수만
ChaonSuMan

大兴东轩
대흥동헌
DaiHengDongHaon

泰安半岛
태안반도
TaiAnBanDou

落花岩
낙화암
NakHwaAm

青南台
청남대
ChengNamDai

古薮洞窟
고수동굴
GouSuDongGur

百济文化遗产园区
백제문화단지
BaikJeiMenHwaDanJi

礼山郡
예산군
YeSanGun

全罗道 전라도 JaonLaDou

罗州 牧使内衙
나주목사내아
NaZhuMokASaNaiA

潇洒园
소쇄원
SouSwaiWen

全州韩屋村
전주 한옥마을
JaonZhu
HanOkMaEr

高敞 支石墓遗址
고창 고인돌 유적지
GouChang GouYinDor
YouJaokJi

顺天湾
순천만
SuonChenMan

长兴郡有治面
장흥군 유치면
ZhangHengGun
YouQiMyaon

莞岛郡青山岛
완도군 청산도
WanDouGun
ChengSanDou

潭阳郡昌平面
담양군 창평면
DamYangGun
ChangPyaongMyaon

庆尚道 경상도 GyaongSangDou

佛国寺
불국사
BurGukSa

石窟庵
석굴암
SaokGurAm

安东 陶山书院
안동 도산서원
AnDong
DouSanSaoWen

安东河回村
안동 하회마을
AnDong
HaHwiMaEr

安东知礼艺术村
안동 지례 예술촌
AnDong JiLyei
YeSurChon

庆州 大陵苑
경주 대릉원
GyaongZhu
DaiLengWen

瞻星台
첨성대
ChaomSaongDai

雁鸭池
안압지
AnAbJi

国立庆州博物馆
국립 경주 박물관
GukLib GyaongZhu
BakMurGuan

庆州民俗工艺村
경주 민속 공예촌
GyaongZhu MinSok
GongYeChon

普门旅游区 보문단지 BoMenDanJi 	鲍石亭 포석정 PoSaokZheng 
新罗千禧公园 신라 밀레니엄 파크 XinLa MirLeiNiAom PaKe 	良洞 民俗村 양동 민속마을 YangDong MinSokMaEr 
玉山书院 옥산서원 OkSanSaoWen 	闲丽海上国立公园 한려해상 국립공원 HanLyaoHaiSaong GukLibGongWen 

| 江华岛
강화도
GangHwaDao  |

| 札嘎其市场
자갈치 시장
ZhaGarQi XiZhang  | 太宗台
태종대
TaiZhongDai  |
| 乙淑岛
을숙도
ErSukDao  | 迎月路
달맞이길
DarMatYiGir  |
| 海东龙宫寺
해동 용궁사
HaiDong YongGungSa  |

药令市韩医学文化馆
약령시 한의학 문화관
AkLyaongXi HanEyiHak MenHwaGuan

鲸鱼 博物馆
고래 박물관
GouLei BakMurGuan

济州偶来小路
제주 올레
JeiZhu OrLei

巨济岛
거제도
GaoJeiDao

小每勿岛
소매물도
SoMaiMurDou

外岛
외도
WiDou

梧桐岛
오동도
ODongDou

南海岛
남해도
NamHaiDou

郁陵岛
울릉도
WurLengDou

独岛
독도
DokDou

红岛
홍도
HongDou

珍岛
진도
JinDou

成人 어른 AoLen 	学生 학생 HakSaeng 	团体 단체 DanChei 
老人 노인 NoYin 	幼儿 유아 YouA 	套票 입장권 세트 YibZhangGwon SeiTe 
中间的座位 가운데 자리 GaWunDei JaLi	边沿 가장자리 GaZhangJaLi	缆车票(单程 / 往返) 케이블 승차권(편도 / 왕복) KeiYiBer SengChaGwon (PyaonDou / WangBok)

自然景观

山 산 San	江 강 Gang 	湖 호수 HouSuo 
水库 저수지 JaoSuoJi 	荷塘 연못 YaonMot 	海边 해변 HaiByaon 
沼泽 습지 Sebji 	峡谷 협곡 HyaobGok 	海岸 해안 HaiAn 
洞 동굴 DongGur 	岛 섬 Saom 	森林 삼림 SamLim 
草原 초원 ChoWen 	沙漠 사막 SaMak 	瀑布 폭포 PokPo 

喷泉
분수
BenSuo

公园
공원
GongWen

堤坝
댐
Daim
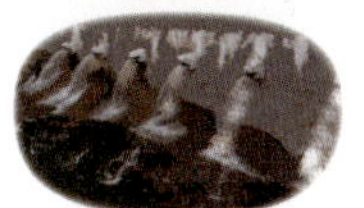

庭园
정원
JaongWen

文化遗址

长城
장성
ZhangSaong

名胜
명승지
MyaongSengJi

遗址
유적지
YouJaokJi

城
성
Saong

石佛
석불
SaokBur

佛像
불상
BurSang

寺庙
사찰
SaChar

塔
탑
Tab

坟墓
무덤
MuDaom

门
문
Men

祠堂
사당
SaDang

老房子
옛날 집
YetNar Jib

故宫
고궁
GouGung

文化建筑

纪念碑
기념비
GiNyaomBi

纪念馆
기념관
GiNyaomGuan

桥 다리 DaLi 	广场 광장 GuangZhang 
教堂 성당 SaongDang 	教会 교회 GyouHwi 
博物馆 박물관 BakMurGuan 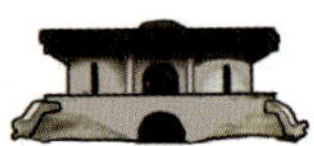	美术馆 미술관 MiSurGuan 

楼 건물 GaonMur 	大学 대학 DaiHak 	清真寺 이슬람 사원 YiSerLam SaWen 

规模

长 길이 GirYi 	宽 넓이 NaorBi 
重 무게 MuGei 	大 크기 KeGi 

① 电源开关
전원 스위치
JaonWen SeWiChi

② 拍摄键
셔터 버튼
SyaoTe BaoTen

③ 定时自动拍摄
셀프타이머
SeirPeTaYiMao

④ 内置闪光灯
내장 플래시
NaiZhang PerLaiXi

⑤ 镜头
렌즈
LeinZhi

博物馆

遗物
유물
YouMur

陶瓷
도자기
DoZhaGi

化石
화석
HwaSaok

恐龙
공룡
GongLyong

美术馆

绘画
회화
HwiHwa

传统绘画
전통 회화
JaonTong HwiHwa

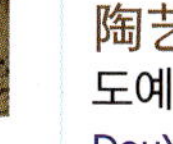

陶艺
도예
DouYe

剪纸艺术
종이공예
ZhongYiGongYe

皮影艺术
그림자 예술
GeLimJa YeSer

塑造
소조
SouZhou

木偶
나무 인형
NaMu YinHyaong

风筝
연
Yaon

刺绣
자수
JaSu

书法
서예
SaoYe

雕像
조소
ZhoSou

雕刻
조각
ZhouGak

陶瓷
도자기
DouZhaGi

玉雕
옥공예
OkGongYe

民俗表演

歌唱演出
창 공연
Chang
GongYaon

声音版演出
소리 판 공연
SouLi Pan
GongYaon

活报剧
마당극
MaDangGek

走钢丝
줄타기
JurTaGi

四物表演
사물놀이
SaMurNerYi

韩国舞蹈
한국 무용
HanGuk MuYong

国乐演出
국악 공연
GukAk GongYaon

演唱会,音乐会

乱打
난타(nanta)
NanTa

弹跳
점프(jump)
JaomPe

爱舞 사춤(sachoom) SaChum 	微笑 미소(miso) MiSou 
织机男孩 배틀 비보이 (battle b-boy) BaiTer BiBoYi 	爱上街舞少年的芭蕾女孩 비보이를 사랑한 발레리나 (ballerina who loves a b-boy) BiBoYiR SaLangHan BarLeiLiNa 
奇幻 판타스틱 (fanta-stick) PanTaSeTik 	涂鸦秀 드로잉 쇼 (drawing show) DeLouYing Syou 

运动种类

保龄球 볼링 BorLing 	攀岩 암벽 등반 AmByaok DengBan 	滑降 활강 HwarGang 
水上秋千 수상 그네 SuoSang GeNei 	滑翔跳伞 패러글라이딩 PaiLaoGerLaYiDing 	蹦极 번지 점프 BaonJi JaomPe 
钓鱼 낚시 NakXi 	人工攀岩 인공 암벽 YinGong AmByaong 	围棋 바둑 BaDuk 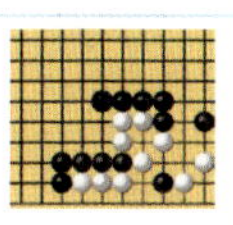
赛车 카레이싱 KaLeiYiXing 	冲浪 윈드서핑 WinDeSaoPing 	高尔夫 골프 GorPe 
网球 테니스 TeiNiSe 	滑雪 스키 SeKi 	太极拳 태극권 TaiGekGwon 

少林武术 소림무술 SoLimMuSur 	骑马(骆驼) 말(낙타) 타기 Mar(NakTa) TaGi 	足球 축구 ChukGu 
排球 배구 BaiGuo 	棒球 야구 YaGuo 	篮球 농구 NongGuo 
乒乓球 탁구 TakGuo 	剑术 검술 GaomSur 	游泳 수영 SuYaong 
赛马 경마 GyaongMa 	拳击 권투 GwonTuo 	跆拳道 태권도 TaiGwonDou 
剑道 검도 GaomDou 	泰拳 무에타이 MuEiTaYi 	格斗 격투기 GyaokTuGi 
摔跤 씨름 XiLem 	台球 당구 DangGuo 	羽毛球 배드민턴 BaiDeMinTaon 
橄榄球 럭비 LaokBi 	壁球 스쿼시 SeKwoXi 	冰球 아이스하키 AYiSeHaki 
手球 핸드볼 HainDeBor 	登山 등산 DengSan 	直排轮滑 인라인 YinLaYin 
划艇 보트 BoTe 	自行车 사이클 SaYiKer 	

商店名字

百货商店
백화점
BaikHwaJaom

集贸市场
재래시장
JaiLaiXiZhang

折扣购物中心
아울렛
AWurLeit

纪念品商店
기념품 가게
GiNyaomPum GaGei

古董店
골동품 가게
GorDongPum GaGei

批发市场
도매 시장
DouMai XiZhang

购物中心
쇼핑센터
SyouPingSeinTe

免税店
면세점
MyaonSeiJaom

特产店
특산품 가게
TekSanPum GaGei

韩药房
한약방
HanYakBang

大型超市
대형 할인점
DaiHyaong HarYinJaom

书店
서점
SaoJaom

画廊
화랑
HwaLang

超市
슈퍼마켓
SyouPaoMaKet

服装卖场

T恤衫
티셔츠
TiSyaoChe

衬衫
남방
NamBang

女式衬衫
블라우스
BerLaWuSe

牛仔裤
청바지
ChengBaJi

裤子
바지
BaJi

裙子
치마
QiMa

内衣
속옷
SoukOut

睡衣
잠옷
JamOut

外套
코트
KoTe

毛衣 스웨터 SeWeiTao 	连衣裙 원피스 WenPiSe 	运动服 운동복 YounDongBouk 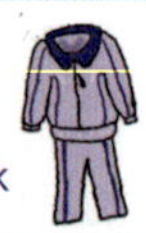
夹克 재킷 JaiKit 	雨衣 우의 WuEyi 	皮衣 가죽옷 GaZhukOut 
休闲服 캐주얼복 KaiZhuAorBok 	男装 남성복 NamSaongBouk 	女装 여성복 YaoSaongBouk 

童装 아동복 ADongBouk 	西服 양복 YangBouk 
登山服 등산복 DengSanBouk 	高尔夫球服 골프웨어 GourPeWeiAo 
韩国传统服装 한국전통옷 HanGukZhaonTongOut 	丝绸 실크 XirKe 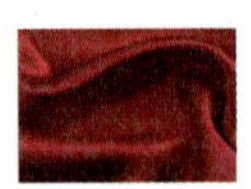

附属服装和鞋子

手绢 손수건 SouSuGaon 	领带 넥타이 NeiTaYi 

手套 장갑 ZhangGab 	围巾 스카프 SeKaPe 	袜子 양말 YangMar 
鞋子 신발 XinBar 	皮鞋 구두 GuoDuo 	运动鞋 운동화 WunDongHwa 

高筒靴 장화 ZhangHwa 	凉鞋 샌들 SainDer 	拖鞋 슬리퍼 SerLiPao 

茶，食品，药

绿茶 녹차 NoukCha 	茉莉花茶 자스민차 JanSeMinCha 	菊花茶 국화차 GukHwaCha 
红茶 홍차 HongCha 	茶具 다기 DaGi 	药草 약초 YakChou 
传统点心 한과 HanGwa 	糖果 사탕 SaTang 	奶酪 치즈 QiZhi 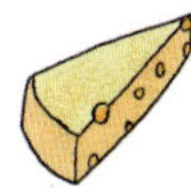
健康食品 건강식품 GaonGangSikPum 	红参 홍삼 HongSam 	人参 인삼 YinSam 

珠宝

请给我保证书。
보증서를 주세요.
BoZhengSaoR JuSeiYou.

耳环 귀걸이 GwiGaorYi 	虎眼石 호안석 HoAnSaok 

戒指 반지 BanJi 	项链 목걸이 MokGaorYi 	手链 팔찌 ParZi 
纯金 순금 SuonGem 	象牙 상아 SangA 	玉 옥 Ouk 
珍珠 진주 JinZhu 	天然宝石 원석 WenSaok 	漆器 칠기 QirGi 

翡翠 비취 BiQu		大理石 대리석 DaiLiSaok	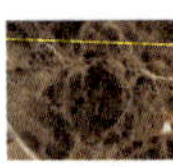	银手工艺品 은세공품 EnSeiGongPum	

配饰

腰带 벨트 BeirTe		太阳镜 선글라스 SaonGerLaSe		包 / 钱包 가방 / 지갑 GaBang / JiGab	
帽子 모자 MoJa		表 시계 XiGye		眼镜 안경 AnGyaong	

化妆品

化妆水 스킨 SeKin		乳液 로션 LoSyaon		精华液 에센스 EiSeinSe	
隔离霜 메이크업 베이스 MeiYiKeAob BeiYiSe		BB霜 비비크림 BiBiKeLim		粉底 파운데이션 PaWunDeiYiSyaon	
唇蜜 립글로스 LibGeLouSe		唇膏 립스틱 LibSeTik		眼影 아이섀도 AYiSaiDou	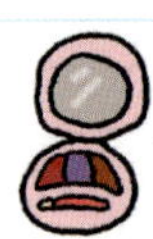
睫毛膏 마스카라 MaSeKaLa		指甲油 매니큐어 MaiNiKuAo		香水 향수 HyangSuo	
营养霜 영양크림 YaongYangKeLim		防晒霜 선크림 SaonKeLim			

电子产品

相机
카메라
KaMeiLa

DVD音像店
DVD 판매점
DiVeiDi PanMeiJaom

游戏DVD
게임 DVD
GeiYim DiVeiDi

笔记本电脑
노트북
NouTeBuk

电脑
컴퓨터
KaomPuTao

智能手机
스마트폰
SeMaTaoPon

电视机
텔레비전
TeirLeiBiJaon

MP3
MP3
EmPiSan

其他

家居用品
거실용품
GaoXirYongPum

厨房用品
주방용품
ZhuBangYongPum

高尔夫用品
골프용품
GorPeYongPum

纸
종이
ZhongYi

钥匙扣
열쇠고리
YaorSwiGouLi

玩具
장난감
JangNanGam

明信片
기념엽서
GiNyaomYaoSao

古籍 / 书
고서 / 책
GouSao / Chaik

邮票
우표
WuPyou

玩偶
인형
YinHyaong

旧铜钱
옛날 동전
YetNar DongJaon

银器
은제품
EnJeiPum

床上用品
침구류
QimGuoLyou

定制家具
맞춤 가구
MatChumGaGuo

陶瓷玩偶
도자기 인형
DoJaGi YinHyaong

小镜子
손거울
SonGaoWur

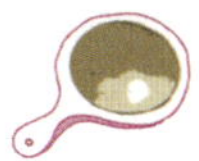

这个 이것 YiGaot 	那个 저것 JaoGaot 	更华丽的 더 화려한 것 Dao HwaLyaoHan Gaot 
更大码的 더 큰 사이즈 Dao Ken SaYiZhi 	更小码的 더 작은 사이즈 Dao JakEn SaYiZhi 	普通点的 더 수수한 것 Dao SuSuHan Gaot 
流行商品 유행상품 YouHaing SangPum 	更重的 더 무거운 것 Dao MuGaoWun Gaot 	更轻的 더 가벼운 것 Dao GaByaoWun Gaot 
更长的 더 긴 것 Dao Gin Gaot 	更短的 더 짧은 것 Dao ZaBen Gaot 	其他种类 다른 종류 DaLen ZhongLyou 
其他款式 다른 디자인 DaLen DiZhaYin 	其他颜色 다른 색깔 DaLen SaikKar 	更便宜的 더 싼 것 Dao San Gaot 
更贵的 더 비싼 것 Dao BiSan Gaot 	新款 신상품 XinSangPum 	几种 몇 가지 Myaot GaJi 
红色 빨간색 BarGanSaik 	橘黄色 주황색 ZhuHwangSaik 	黄色 노란색 NoLanSaik 
草绿色 초록색 ChoLoukSaik 	天蓝色 파란색 PaLanSaik 	蓝色 남색 NamSaik 

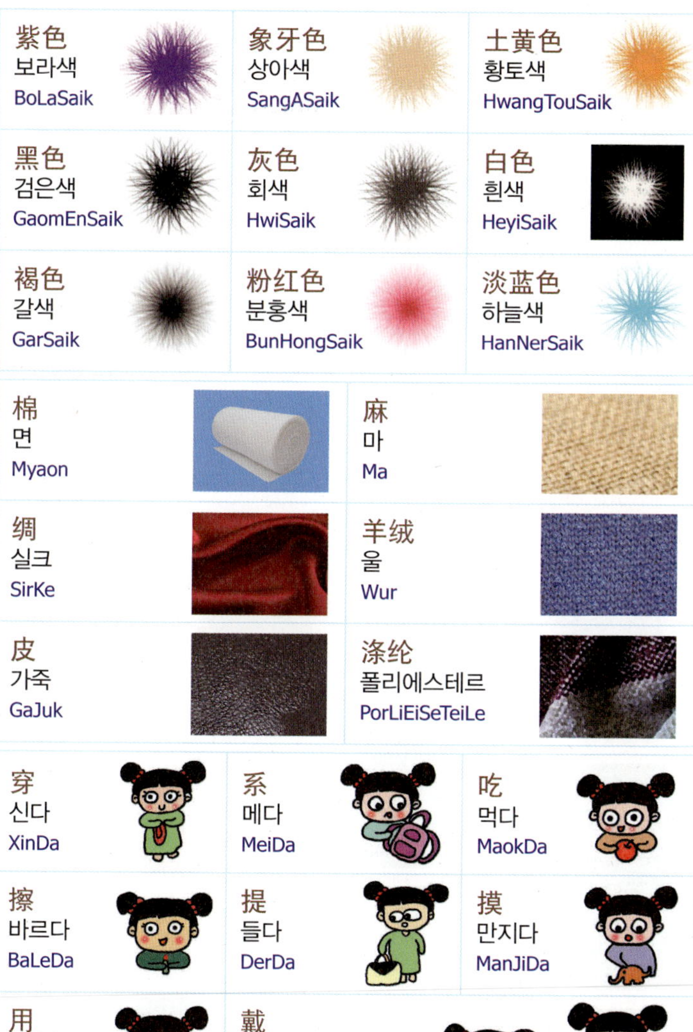

紫色 보라색 BoLaSaik	象牙色 상아색 SangASaik	土黃色 황토색 HwangTouSaik
黑色 검은색 GaomEnSaik	灰色 회색 HwiSaik	白色 흰색 HeyiSaik
褐色 갈색 GarSaik	粉红色 분홍색 BunHongSaik	淡蓝色 하늘색 HanNerSaik

棉 면 Myaon	麻 마 Ma
绸 실크 SirKe	羊绒 울 Wur
皮 가죽 GaJuk	涤纶 폴리에스테르 PorLiEiSeTeiLe

穿 신다 XinDa	系 메다 MeiDa	吃 먹다 MaokDa
擦 바르다 BaLeDa	提 들다 DerDa	摸 만지다 ManJiDa
用 쓰다 SiDa	戴 착용하다 ChakYongHaDa	

纸币

五万元
오만원
OManWen

一万元
만원
ManWen

五千元
오천원
OChenWen

一千元
천원
ChenWen

硬币

五百元
오백원
OBaikWen

一百元
백원
BaikWen

五十元
오십원
OSibWen

十元
십원
SibWen

打折

1折
1절 (90% 할인)
GuoSibPeLou HarYin

2折
2절 (80% 할인)
ParSibPeLou HarYin

3折
3절 (70% 할인)
QirSibPeLou
HarYin

4折
4절 (60% 할인)
YoukSibPeLou
HarYin

5折
5절 (50% 할인)
OSibPeLou
HarYin

结帐

旅行支票
여행자수표
YaoHaingZhaSuPyou

现金
현금
HyaonGem

借记卡 체크카드 CheiKeKaDe		美金 달러 DarLao	

生活用品

矿泉水 생수 SaingSu		牛奶 우유 WuYou		绿茶 녹차 NoukCha	
橙汁 오렌지주스 OLeinJiJuSi		咖啡 커피 KaoPi		香蕉牛奶 바나나우유 BaNaNaWuYou	
酸奶 요플레 YouPerLei		可乐 콜라 KorLa		雪碧 사이다 SaYiDa	
啤酒 맥주 MaikZhu		拉面 라면 LaMyaon		芬达 환타 HwanTa	
红茶 홍차 HongCha		洗发水 샴푸 SamPu		护发素 린스 LinSe	
牙膏 치약 QiYak		牙刷 칫솔 QiSor		漱口水 가그린 GaGeLin	
香皂 비누 BiNuo		刮胡刀 면도기 MyaonDouGi		头绳 머리끈 MaoLiGen	
梳子 빗 Bit		指甲刀 손톱깎이 SonTobKaKi		化妆水 스킨 Sekin	

乳液 로션 LouSyaon 	湿巾 물티슈 MurTiSyou 	卫生纸 화장지 HwaZhangJi 
卫生巾 생리대 SaingLiDai 	尿布湿 기저귀 GiJaoGwi 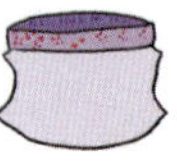	丝袜 스타킹 SeTaKing 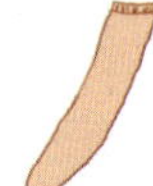
袜子 양말 YangMar 	信封 편지봉투 PyaonJiBongTu 	雨伞 우산 WuSan 
烟 담배 DamBai 	打火机 라이터 LaYiTao 	电池 건전지 GaonJaonJi 
购物袋 쇼핑백 SyouPingBaik 	圆珠笔 볼펜 BorPein 	胶布 테이프 TeiYiPe 
纸杯 종이컵 ZhongYiKaob 	碗面 컵라면 KaobLaMyaon 	香肠 소시지 SoSiJi 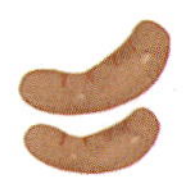
冰淇淋 아이스크림 AISeKeLim 	口香糖 껌 Gaom 	巧克力 초콜릿 ChouKorLit 
棉花软糖 마시멜로 MaXiMaorLou 	驱蚊剂 모기약 MoGiYak 	除臭剂 방취제 BangQuJei 
速溶咖啡 인스턴트커피 YinSeTaonTeKePi 	糖 사탕 SaTang 	

剃胡膏 면도 크림 MyaonDou KeLim		剃须刀片 면도날 MyaonDouNar	

水果

芒果 망고 MangGou	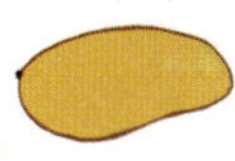	山竹 망고스틴 MangGouSeTin		柚子 유자 YouJa	
苹果 사과 SaGwa		梨 배 Bai		橘子 귤 Gyour	
西瓜 수박 SuBak		葡萄 포도 PoDou		桃子 복숭아 BokSungA	
甜瓜 멜론 MeirLon	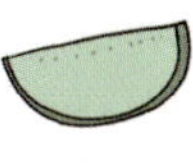	樱桃 앵두 AingDuo		橙子 오렌지 OLeinJi	
柠檬 레몬 LeiMon		香蕉 바나나 BaNaNa		李子 자두 JaDuo	
榴莲 두리안 DuoLiAn		杏子 살구 SarGuo		柿子 감 Gam	
菠萝 파인애플 PaYinAiPer		猕猴桃 키위 KiWi		香瓜 참외 ChamWi	
椰子 코코넛 KoKoNaot		板栗 밤 Bam		草莓 딸기 DarGi	

大枣 대추 DaiChu	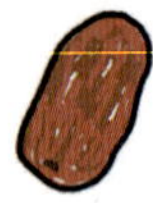	葡萄干 건포도 GaonPoDou	

蔬菜

香菜 고수나물 GouSuNaMur		空心菜 공심채 GongXimChai		油菜 청경채 ChengGyaongChai	
南瓜 호박 HouBak		胡萝卜 당근 DangGen		青椒 피망 PiMang	
茄子 가지 GaJi		蘑菇 버섯 BaoSaot		土豆 감자 GamJa	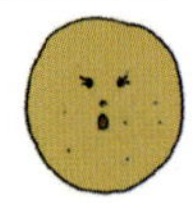
辣椒 고추 GouChu		番茄 토마토 TouMaTou		萝卜 무 Mu	
白菜 배추 BaiChu		蒜 마늘 MaNer		莲藕 우엉 WuAong	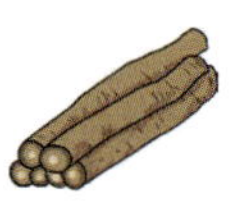
生菜 상추 SangChu		菠菜 시금치 XiGemChi		卷心菜 양배추 YangBaiChu	
西兰花 브로콜리 BeLouKor		洋葱 양파 YangPa		西葫芦 단호박 DanHouBak	
红薯 고구마 GouGuoMa		黄瓜 오이 OYi		葱 파 Fa	

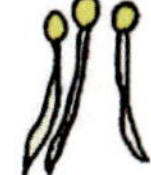
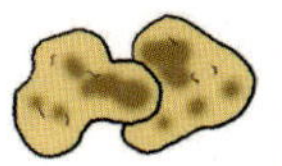

豆芽
콩나물
KongNaMur

生姜
생강
SaingGang

餐厅

韩定食
한정식
HanJaongSik
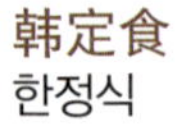

中国
중국
ChungGuk

法国
프랑스
PeLangSe

自助餐
뷔페
BwiPei
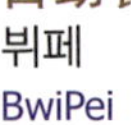

西餐
양식
YangSik

意大利
이탈리아
YiTarLiA

日本
일본
YirBon

印度
인도
YinDou

泰国
태국
TaiGuk

西餐厅
패밀리 레스토랑
PaiMirLi
LeiSeToLang

混合料理
퓨전 음식
PyouJaon
EmSik

美食街
식당가
SikDangGa

这个地方的传统
料理
이 지방의 전통요리
Yi JiBangEyi
JaonTongYouLi

好吃的
맛있는
MatXiNen

低廉的
저렴한
JaoLyaomHan

高级的
고급
GouGeb

安静的
조용한
ZhouYongHan

近的
가까운
GaKaWun

快餐店 / 面食店 / 其它

面包店
제과점
JeiGuaJaom

快餐店
패스트푸드점
PaiSeTe
PuDeJaom

肯德基
KFC
KeiEiFeXi

麦当劳
맥도널드
MaiDouNaorDe

必胜客
피자헛
PiZhaHaot

茶馆
찻집
ChatJib

乐天利 롯데리아 LouDeiLiA 	爵士酒吧 재즈바 JaiJeBa 
咖啡店 커피숍 KaoPiSyoub 	美食餐厅 맛집 MatJib 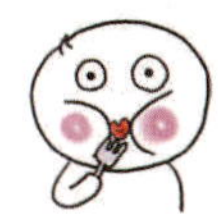
面食店 분식집 BunSikJib 	酒吧 주점 ZhuJaom 
靠窗的位置 창가자리 ChangGaJali 	禁烟区 금연석 GemYaonSaok 
吸烟区 흡연석 HebYaonSaok 	安静的位置 조용한 자리 ZhoYongHan JaLi 
烤肉 불고기 BurGouGi 	菜包肉 보쌈 BouSam 
烤肉 삼겹살 구이 SamGyaobSar GuoYi 	烤牛肋眼肉 꽃등심 구이 GotDengXim GuoYi 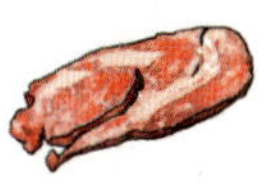
（牛/猪/鸡）排骨 (소/돼지/닭) 갈비 (So/DwaiJi/Dat)GarBi 	牛小肠 곱창 GoubChang 
鸭类 오리 요리(훈제, 진흙구이) OLi YouLi(HunJei, JinHekGuoYi) 	猪蹄 족발 JokBar 

参鸡汤 삼계탕 SamGyeTang		辣烧鸡汤 닭도리탕 DakDouLiTang	
泥鳅汤 추어탕 ChuAoTang		泡菜汤 김치찌개 GimQiJiGai	
清麴酱锅 청국장찌개 ChengGukZhangJiGai	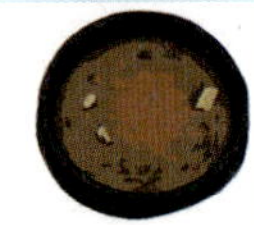	大酱汤 된장찌개 DwinZhangJiGai	
嫩豆腐汤 순두부찌개 SunDuoBuJiGai		部队火锅 부대찌개 BuDaiJiGai	
香辣牛肉汤 육개장 YoukGaiZhang		精熬牛骨汤 곰탕 GomTang	
脊骨土豆汤 감자탕 GamJaTang		牛杂碎汤 설렁탕 SaorLaongTang	
火锅菜 전골 요리 JaonGor YouLi		蔬菜包饭 쌈밥 SamBab	
拌饭 비빔밥 BiBimBab		大麦饭 보리밥 BoLiBab	
石锅拌饭 돌솥비빔밥 DourSoutBiBimBab		盖浇饭 덮밥 DaotBab	

炒饭
볶음밥
BoGenBab

烤鳗鱼
장어구이
ZhangAoGuoYi

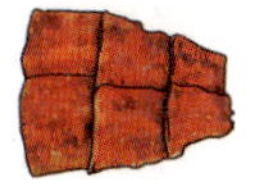

烤干明太鱼
황태구이
HwangTaiGuoYi

辣炒章鱼
낙지볶음
NakJiBoGem

河豚料理
복어 요리
BokAo YouLi

炖安康鱼
아구찜
AGuoZhim

粥
죽
Juk

刀切面
칼국수
KarGukSuo

面片汤
수제비
SuoJeiBi

乌冬面
우동
WuDong

拉面
라면
LaMyaon

杂菜
잡채
JabChai

豆汁面
콩국수
KongGukSuo

喜面
잔치국수
JanQiGukSuo

拌面
비빔국수
BiBimGukSuo

冷面
냉면
NaingMyaon

炸酱面
자장면
JaJangMyaon

海鲜辣汤
짬뽕
ZamBong

辣炒年糕 떡볶이 DaokBoGi 	饺子 만두 ManDuo 
血肠 순대 SunDai 	鱼糕 串儿 꼬치 오뎅 GouQi ODeing 
馒头 찐빵 JinBang 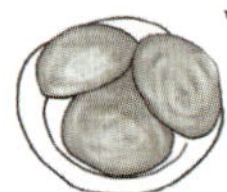	红豆冰 팥빙수 PatBingSuo 
油炸食品 튀김 TwiGim 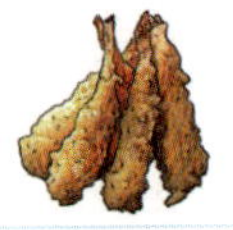	年糕 떡 Daok 
海鲜葱煎饼 해물파전 HaiMurPaJaon 	油炸猪肉片 돈가스 DonGaSe 
糖醋肉 탕수육 TangSuoYouk 	年糕汤 떡국 DaokGuk 
紫菜卷饭 김밥 GimBab 	忠武紫菜卷饭 충무김밥 ChungMuGimBab 
酱蟹 간장게장 GanZhangGeiZhang 	醒酒汤 해장국 HaiZhangGuk 
蚕蛹 번데기 BaonDeiGi 	松年糕 송편 SongPyaon 

辣汤 매운탕 MaiWunTang 	锅巴 누룽지 NuoLungJi 

料理材料

肉类 육류 YoukLyou 	禽类 조류 ZhouLyou 	爬虫类 파충류 PaChungLyou 
海藻类 해조류 HaiZhouLyou 	海鲜 생선 SaingSaon 	牛肉 소 So 
鸡 닭 Dak 	虾 새우 SaiWu 	黄鱼 조기 ZhouGi 
猪肉 돼지 DwaiJi 	鸭 오리 OLi 	墨鱼 오징어 OJingAo 
带鱼 갈치 GarQi 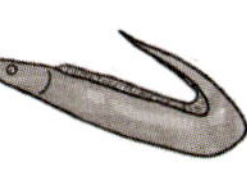	羊肉 양 Yang 	鹅 거위 GaoWi 
蟹 게 Gei 	鲤鱼 잉어 YingAo 	山羊 염소 YaomSou 
鸽子 비둘기 BiDurGi 	章鱼 문어 MenAo 	鲫鱼 붕어 BungAo 
驴 당나귀 DangNaGwi 	鸡蛋 달걀 DarGyar 	龙虾 가재 GaJai 

鳗鱼 장어 ZhangAo		狗肉 개 Gai		蛇 뱀 Baim	
贝壳 조개 ZhouGai		排骨 갈비 GarBi		田鸡 개구리 GaiGuoLi	
牡蛎 굴 Gur	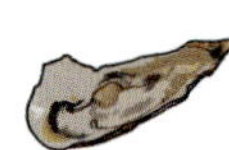	芹菜 미나리 MiNaLi		玉米 옥수수 OukSuSu	
板筋 힘줄 HimJur		甲鱼 자라 JaLa		豆腐 두부 DuoBu	
茄子 가지 GaJi		豆芽 콩나물 KongNaMur		大肠 창자 ChangJa	
松口菇 송이버섯 SongYiBaoSaot		黄瓜 오이 OYi		番茄 토마토 ToMaTo	

碗 그릇 GeLet		杯子 컵 Kaob		叉子 포크 PoKe	
餐具 수저 SuJao	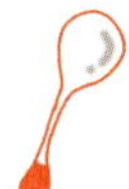	盘子 접시 JaobXi	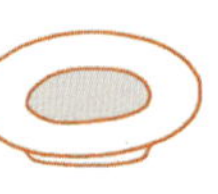	筷子 젓가락 JaotGaLak	
餐刀 나이프 NaYiPe		餐巾纸 냅킨 NaibKin		汤勺 국자 GukJa	

茶 차 Cha 	水 물 Mur 	冰水 시원한 물 XiWenHan Mur 
矿泉水 생수 SaingSu 	盐 소금 SouGem 	胡椒 후춧가루 HuChtGaLuo 
酱油 간장 GanZhang 	糖 설탕 SaorTang 	冰淇淋 아이스크림 AISeKeLim 
咖啡 커피 KaoPi 	水果 과일 GwaYir 	甜品 디저트 DiJaoTe 
泡菜 김치 GimQi 	辣椒面 고춧가루 GouChutGaLuo 	红酒 와인 WaYin 

酒类

马格利酒 막걸리 MakGaorLi 	冬冬酒 동동주 DongDongZhu 
烧 酒 소주 SouZhu 	白霞酒 백하주 BaiHaZhu 
文杯酒 문배주 MenBaiZhu 	水果酒 과실주 GwaSirZhu 
覆盆子酒 복분자술 BokBunJaSur 	梅子酒 매실주 MaiXirZhu 

威士忌 위스키 WiSeKi 	清酒 청주 ChengZhu 
葡萄酒 와인(레드 와인 / 화이트 와인) WaYin(LeiDe WaYin / HwaYiTe WaYin) 	洋酒 양주 YangZhu 
鸡尾酒 칵테일 KakTeiYir	啤酒 맥주 MaikZhu 

菜单

汉堡 햄버거 HaimBaoGao 	薯条 포테이토 PoTeiYiTou 	比萨 피자 PiZha 
炸鸡块 후라이드 치킨 HuLaYiDe QiKin 	蛋挞 에그타르트 EiGeTaLeTe 	热狗 핫도그 HatDouGe 
冰淇淋 아이스크림 AISeKeLim 	甜甜圈 도너츠 DouNeChi 	三明治 샌드위치 SainDeWiQi 
咖啡 커피 KaoPi 	果汁 주스 ZhuSe 	可乐 콜라 KorLa 
雪碧 사이다 SaYiDa 	牛奶 우유 WuYou 	乌龙茶 우롱차 WuLongCha 
套餐 세트 메뉴 SeiTe MeiNyou 	盖饭 덮밥 DaobBab 	红茶 홍차 HongCha 

鸡腿 닭다리 DakDaLi		沙拉 샐러드 SairLaoDe		汤 스프 SePe	
面包 빵 Bang		盒饭 밥 세트 Bab SeiTe		蛋糕 케이크 KeiYiKe	
蛋黄酱 마요네즈 MaYouNeiZhi		番茄酱 케첩 KeiChaob		烤面包 토스트 TouSeTe	

观光导游

值得观光的景点 관광할 만한 곳 **GuanGuangHar ManHan Got**	住处 숙소 **SukSou**	观光路线 관광 코스 **GuanGuang KouSe**
火车票 열차표 **YaorChaPyou**	飞机票 비행기표 **BiHaingGiPyou**	巴士票 버스표 **BaoSePyou**

关于住宿

交通方便的 교통이 편리한 **GyouTongYi PyaonLiHan**	设施好的 시설이 좋은 **XiSaorYi ZhoEn**	视野好的 전망이 좋은 **JaonMangYi ZhoEn**
便宜的 저렴한 **JaoLyaomHan**	安静的 조용한 **ZhoYongHan**	在市内的 시내에 있는 **XiNaiEi YinNen**

宾馆(酒店 / 饭店) 호텔 **HouTer** 	野营 캠핑 부지 **KaimPing BuJi** 
汽车旅馆 모텔 **MoTer** 	小型家庭旅馆 게스트하우스 **GeiSeTeHaWuSe** 
国际青年旅馆 유스호스텔 **WuSeHouSeTer** 	民宿 민박 **MinBak** 
旅馆 여관 **YaoGuan** 	别墅 펜션 **PeinSyaon** 

酒店房间种类

单人间 싱글룸 XingGerLum		**标准间** 더블룸 DaoBerLum

双人间 트윈룸 TeWinLum	

多人间(3人间, 4人间)
다인실(삼인실, 사인실)
DaYinXir(SamYinXir, SaYinXir)

豪华间
스위트 룸
SeWiTeLum

有卫生间的房间
화장실 딸린 방
HwaZhangXir Darlin Bang

有空调的房间
에어컨 있는 방
EiAoKaon YinNen Bang

公用卫生间, 公用浴室(普通间)
공동 화장실, 공동 샤워실
GongDong HwaZhangXir, GongDong SyaWoXir

房间服务 - 餐饮

水
물
Mur

咖啡
커피
KePi

香槟
샴페인
SamPeiYin

红酒
와인
WaYin

冰
얼음
AorEm

饭菜
식사
SikSa

房间服务 - 其它

叫醒
모닝콜
MoNingKor

洗衣服 / 熨衣服 / 干洗
세탁 / 다림질 / 드라이크리닝
SeiTak / DaLimJir / DeLaYiKeliNing

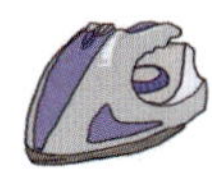

清扫房间 방 청소 Bang ChengSou 	餐厅预定 식당 예약 XikDang YeYak

客厅

房间 방 Bang 	电话 전화 JaonHwa 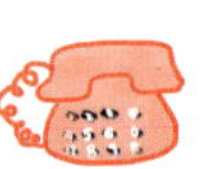	电视 텔레비전 TerLeiBiJaon 
遥控器 리모컨 LiMoKaon 	录像机 비디오 BiDiO 	冰箱 냉장고 NaingZhangGou 
空调 에어컨 EiAoKaon 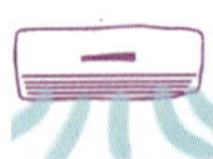	暖器 난방기 NanBangGi 	电灯 전등 JaonDeng 
床 침대 QimDai 	枕头 베개 BeiGai 	毛毯 담요 DamYou 

床单 시트 XiTe 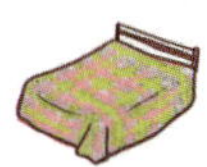	沙发 소파 SouFa 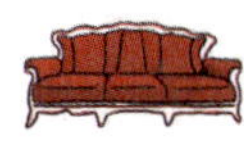	桌子 테이블 TeiYiBer 
窗帘 커튼 KaoTen 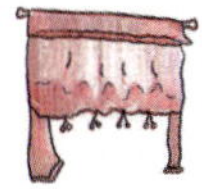	纸巾 티슈 TiShu 	吹风机 헤어드라이어 HeiAoDeLaYiAo 
换气扇 환풍기 HwanPwungGi 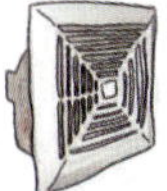	迷你吧 미니바 MiNiBa 	

浴盆

马桶 변기 ByaonGi 	水龙头 수도꼭지 SuoDouGoukJi 	窗户 창문 ChangMen 
淋浴器 샤워기 ShaWoGi 	手纸 휴지 HuoJi 	洗发露 샴푸 SyamPu 
香皂 비누 BiNuo 	沐浴液 샤워젤 ShaWoJeir 	牙刷 칫솔 QitSour 
牙膏 치약 QiYak 	浴池 욕조 YoukZhou 	洗脸池 세면대 SeiMyaonDai 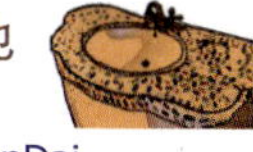

镜子 거울 GaoWur	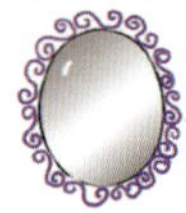	毛巾 수건 SuGaon	

辅助设备

健身房 헬스클럽 HeirSe KerLaob		营业中心 비즈니스센터 BiJiNiSe SeinTao		商店 상점 SangJaom	
桑拿 사우나 SaWuNa		游泳馆 수영장 SuoYaongZhang		餐厅 식당 XikDang	
按摩的地方 안마하는 곳 AnMahaNen Got		邮局 우체국 WuCheiGuk		银行 은행 EnHaing	
美容院 에스테딕샵 EiSeTeiDikShab		理发店 이발소 YiBarSou		咖啡店 커피숍 KePiShoub	

附加费用 추가요금 ChuGaYouGem	费用 요금 YouGem

见面的时候

你好。
안녕하세요.
AnNyaongHaSeiYou.

早上好。
안녕하세요.
AnNyaongHaSeiYou.

中午好。
안녕하세요.
AnNyaongHaSeiYou.

下午好。
안녕하세요.
AnNyaongHaSeiYou.

初次见面。
처음 뵙겠습니다.
CheEm BwibGeitSemMiDa.

请多多关照。
잘 부탁드립니다.
Jar BuTakDeLibMiDa.

你过得好吗?
잘 지냈어요?
Jar JiNaitAoYou?

见到你很高兴。
만나서 반가워요.
MaNaSao BanGaWoYou.

真的好久不见了。
정말 오랜만이에요.
ZhengMar OLainManYiEiYou.

久仰大名。
말씀 많이 들었어요.
MarSem MaNi DerAotSaoYou.

不期而遇

你怎么来这里了!
어쩐 일로 여기 오셨어요!
AoZaon YirLou YaoGi OSyaotNaYou!

哎呦, 你是(明明)吧!
어머, (밍밍) 씨죠!
AoMao, (MingMing)XiZhou!

嘘寒问暖

你过得怎么样?
어떻게 지내셨어요?
AoDaotGei JiNaiSyaotSaoYou?

身体都还好吧?
다들 건강하시죠?
DaDer GaonGangHaXiZhou?

分开的时候

请慢走。
안녕히 가세요.
AnNyaongHi GaSeiYou.

保持联络。
종종 연락해요.
ZhognZhong
YaonLakHaiYou.

再见。
또 만나요.
Dou ManNaYou.

这次见到了你很高兴。
만나서 반가웠어요.
ManNaSao
BanGaWotAoYou.

生日
생일
SaingYir

结婚
결혼
GyaorHoun

合格
합격
HabGyaok

升迁
승진
SengJin

毕业
졸업
ZhorAob

真帅!
멋져요!
MaotZhaoYou!

了不起!
훌륭해요!
HurLyoung
HaiYou!

太棒了!
굉장해요!
GwiZhang
HaiYou!

很厉害!
대단해요!
DaiDanHaiYou!
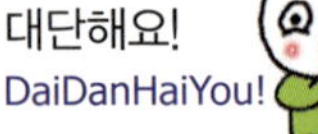

很可爱!
귀여워요!
GwiYaoWoYou!

很漂亮!
예뻐요!
YeBaoYou!

很美丽!
아름다워요!
ALem
DaWoYou!

最棒了!
최고예요!
ChwiGouYeYou!

真的做得很好!
참 잘했어요!
Cham
JarHaitSaoYou!

新年快乐。
새해 복 많이 받으세요.
SaiHai Bok MaNi BaESeiYou.

圣诞节快乐。
즐거운 크리스마스 되세요.
ZherGaoWun
KeLiSeMaSe DwiSeiYou.

祝你好运。
행운을 빌어요.
HaingWunR BirAoYou.

属相

鼠
쥐
Jwi

牛
소
Sou

虎
호랑이
HouLangYi

兔
토끼
TouGi

龙
용
Yong

蛇
뱀
Baim

马
말
Mar

羊
양
Yang

猴
원숭이
WenSungYi

鸡
닭
Dak

狗
개
Gai

猪
돼지
DwaiJi

职业

护士
간호사
GanHouSa

药剂师
약사
YakSa

医生
의사
EyiSa

导游
가이드
GaYiDe

老师 / 教师
선생님 / 교사
SaonSaingNim /
GyouSa

教授
교수
GyouSu

歌手 가수 GaSu 	音乐家 음악가 EmAkGa 	画家 화가 HwaGa 
消防员 소방관 SouBangGuan 	警察 경찰관 GyaongCharGuan 	公务员 공무원 GongMuWen 
厨师 요리사 YouLiSa 	设计师 디자이너 DiZhaYiNao 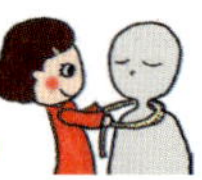	乘务员 승무원 SengMuWen 
审判员 판사 PanSa 	检察官 검사 GaomSa 	律师 변호사 ByaonHouSa 
商人 사업가 SaAobGa 	公司职员 회사원 HwiSaWen 	学生 학생 HakSaing 
司机 운전기사 WunJaonGiSa 	农民 농부 NongBu 	家庭主妇 가정주부 GaZhengZhuBu 
作家 작가 JakGa 	政治家 정치가 ZhengQiGa 	推销员 세일즈맨 SeiYirZhiMain 
美容师 미용사 MiYongSa 	军人 군인 GunYin 	银行职员 은행원 EnHaingWen 
工程师 엔지니어 EinJiNiAo 	翻译 통역원 TongYaokWen 	秘书 비서 BiSao 

星座

白羊座 양자리 YangJaLi		金牛座 황소자리 HwangSouJaLi		双子座 쌍둥이자리 SangDungYiJaLi	
巨蟹座 게자리 GeiJaLi		狮子座 사자자리 SaJaJaLi		处女座 처녀자리 CheNyaoJaLi	
天枰座 천칭자리 ChaonJingJaLi	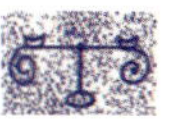	天蝎座 전갈자리 ZhenGarJaLi		射手座 사수자리 SaSuoJaLi	
摩羯座 염소자리 YaomSouJaLi		水瓶座 물병자리 MurByaongJaLi		双鱼座 물고기자리 MurGouGiJaLi	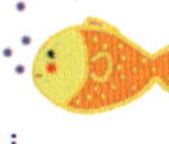

血型

A型 A형 EiHyaong		B型 B형 BiHyaong	
O型 O형 OuHyaong		AB型 AB형 EiBiHyaong	

动物

鹿 사슴 SaSem		猫 고양이 GouYangYi		熊猫 팬더, 판다 PainDa, PanDa	
狮子 사자 SaJa		长颈鹿 기린 GiLin		熊 곰 Goum	

松鼠 다람쥐 DaLamJwi 	骆驼 낙타 NakTa 	山羊 염소 YaomSou 
豹子 표범 PoBaom 	狐狸 여우 YaoWu 	狼 늑대 NekDai 
鳄鱼 악어 AkAo 	蜥蜴 도마뱀 DoMaBaim 	青蛙 개구리 GaiGuoLi 
乌龟 거북이 GaoBukYi 	大雁 기러기 GiLaoGi 	鹦鹉 앵무새 AingMuSai 
雕 독수리 DokSuoLi 	鸭子 오리 OLi 	蜘蛛 거미 GaoMi 
蚯蚓 지렁이 JiLaongYi 	瓢虫 무당벌레 MuDangBaorLei 	蚂蚁 개미 GaiMi 
萤火虫 반딧불 BanDitBur 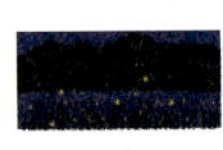	螳螂 사마귀 SaMaGwi 	苍蝇 파리 FaLi 
蚊子 모기 MoGi 	蜻蜓 잠자리 JamJaLi 	蟑螂 바퀴벌레 BaKwiBaorLei 
蝴蝶 나비 NaBi 	蝉 매미 MaiMi 	泥鳅 미꾸라지 / 추어 MiGuoLaJi / ChuAo

龙虾 가재 GaJai 	贝壳 조개 ZhoGai 	海星 불가사리 BurGaSaLi 
鲍鱼 전복 JaonBok 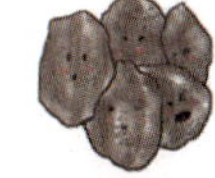	鱿鱼 오징어 OJingAo 	章鱼 문어 MenAo 
鲤鱼 잉어 YingAo 	鲫鱼 붕어 BungAo 	鲇鱼 메기 MeiGi 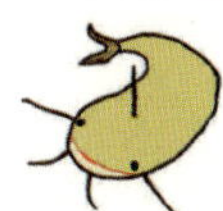
虾 새우 SaiWu 	鲸 고래 GouLai 	鲨鱼 상어 SangAo 
河豚 복어 BokAo 	鹤 학 Hak 	龙 용 Yong 
麻雀 참새 ChamSai 	小熊猫 레드판다 LeiDePanDa 	企鹅 펭귄 PeingGwin 
大象 코끼리 KoGiLi 	蝗虫 메뚜기 MeiDuGi 	金丝猴 들창코 원숭이 DerChangKo WenSungYi 
蝙蝠 박쥐 BakJwi 	犀牛 코뿔소 KoBurSou 	狗 개 Gai 

爱好

电影欣赏 영화감상 YaongHwaGamSang 	音乐欣赏 음악감상 EmAkGamSang 	旅游 여행 YaoHaing 

读书
독서
DokSao 

跳舞
춤추기
ChumChuGi 

唱歌
노래 부르기
NouLai
BuReGi 

运动
운동
WunDong 

登山
등산
DengSan 

潜水
스쿠버다이빙
SeKuBao
DaYiBing 

演奏乐器
악기 연주
AkGi YaonZhu 

烹饪
요리
YouLi 

摄影
사진 찍기
SaJin JikGi 

园艺
정원 가꾸기
ZhengWen
GaGuGi 

集邮
우표 수집
WuPyou
SuoJib 

钓鱼
낚시
NakXi 

十字绣
십자수
XibJaSuo 

看电视
TV보기
TiBiBoGi 

驾车出游
드라이브
DeLaYiBe 

高尔夫
골프
GorPe 

混时间
빈둥거리기
BinDungGaoLiGi 

性格

开朗的
명랑해요
MyaongLangHaiYou 

和蔼的
상냥해요
SangNyangHaiYou 

亲切的
친절해요
QinJaorHaiYou 

堂堂正正的
당당해요
DangDangHaiYou 

实实在在的 야무져요 YaMuZheYou 	高尚的 고상해요 GouSangHaiYou 
慷慨的 통이 커요 TongYi KeYou 	有眼力见儿的 눈치가 빨라요 NenQiGa BarLaYou 
直率的 솔직해요 SorJikHaiYou 	积极的 적극적이에요 JaokGekJaokYiEiYou. 
社交的 사교적이에요 SaGyouJaokYiEiYou 	仔细的 꼼꼼해요 GomGomHaiYou 
马大哈的 덜렁거려요 DerLaongGaoLyaoYou 	胆小的 겁쟁이에요 GaobJaingYiEiYou 
保守的 보수적이에요 BoSuJaokYiEiYou 	开放的 개방적이에요 GaiBangJaokYiEiYou 
厚脸皮的 뻔뻔해요 BenBenHaiYou 	泼辣的 심술궂어요 XimSurGutAoYou 
乐观的 긍정적이에요 GengZhengJaokYiEiYou 	气盛的 다혈질이에요 DaHyaorJirYiEiYou 
冷静的 냉정해요 NaingZhengHaiYou 	浮夸的 허풍쟁이에요 HaoPungJaingYiEiYou 

小心眼的 소심해요 SouXimHaiYou		消极的 소극적이에요 SouGekJaokYiEiYou	

家人

爷爷 친할아버지 QinHarABaoJi		外公 외할아버지 WiHarABaoJi	
奶奶 친할머니 QinHarMaoNi		外婆 외할머니 WiHarMaoNi	
爸爸 아빠 ABa		妈妈 엄마 AomMa	
哥哥 형, 오빠 Hyaong, OBa		姐姐 누나, 언니 NuoNa, AonNi	

我 나 Na		妹妹 여동생 YaoDongSaing		弟弟 남동생 NamDongSaing	

丈夫 남편 NamPyaon		妻子 부인 BuYin	
儿子 아들 AoDer		女儿 딸 Dar	
儿媳妇 며느리 MyaoNeLi		女婿 사위 SaWi	

| 孙子 / 孙女
친손자 / 친손녀
QinSonJa / QingSonNyao  | 外孙子 / 外孙女
외손자 / 외손녀
WiSonJa / WiSonNyao  |

感情

爱 사랑해요 SaLangHaiYou 	痛快 통쾌해요 TongKwaiHaiYou 
兴奋 흥분했어요 HengBunHaitSaoYou 	有意思 재미있어요 JaiMiYiSaoYou 
幸福 행복해요 HaingBokHaiYou 	快乐 즐거워요 ZhirGaoWoYou 
好 좋아요 ZhoAYou 	高兴 기뻐요 GiBaoYou 
产生力量 힘이 나요 HimYiNaYou 	满意 뿌듯해요 BuDetHaiYou 
麻酥酥 짜릿해요 ZaLitHaiYou 	感动 감격했어요 GamGyaokHaitAoYou 
不好意思 부끄러워요 BuGeLaoWoYou 	为难 난처해요 NanCheHaiYou 
寂寞 외로워요 WiLouWoYou 	真没意思 재미없어요 JaiMiAobSaoYou 

生气 화났어요 HwaNaSaoYou		**害怕** 무서워요 MuSaoWoYou	
不安 불안해요 BurAnHaiYou		**累** 피곤해요 PiGonHaiYou	
讨厌 싫어요 XiLaoYou		**令人不快的** 불쾌해요 BurKwaiHaiYou	
难受 괴로워요 GwiLouWoYou		**枯燥** 지루해요 JiLuHaiYou	
哀伤 슬퍼요 SerPaoYou		**冤屈** 억울해요 AokWurHaiYou	
悲惨 비참해요 BiChamHaiYou		**恼火** 짜증나요 ZaZhengNaYou	
焦急 초조해요 ChoCHoHaiYou		**软弱无力** 무기력해요 MuGiLyaokHaiYou	
负担 부담스러워요 BuDamSeLaoWoYou		**吃惊** 놀랐어요 NorLatAoYou	

来 와요 WaYou 	去 가요 GaYou 
坐 앉아요 AnZhaYou 	站 서요 SaoYou 
走 걸어요 GaoLaoYou 	跑 달려요 DarLaoYou 
玩 놀아요 NorAyou 	工作 일해요 YirHaiYou 
笑 웃어요 WutAoYou 	哭 울어요 WurAoYou 
出来 나와요 NaWaYou 	进去 들어가요 DerAoGaYou 
睡觉 자요 JaYou 	起床 일어나요 YirAoNaYou 
提问 질문해요 JirMenHaiYou 	回答 대답해요 DaiDabHaiYou 
停止 멈춰요 MemChwoYou 	行动 움직여요 WumJikYaoYou 

扔 던져요 DaonZheYou	拿 잡아요 JabAYou
读 읽어요 YiGyaoYou	写 써요 SaoYou
吃 먹어요 MaoGyaYou	喝 마셔요 MaSyaoYou

点 시 Xi	一点 1시 HanXi	两点 2시 DuXi	三点 3시 SeiXi
四点 4시 NeiXi	五点 5시 DaSaotXi	六点 6시 YaoSaotXi	七点 7시 YirGobXi
八点 8시 YaoDaoXi	九点 9시 AGobXi	十点 10시 YaorXi	十一点 11시 YaorHanXi
十二点 12시 YaorDuXi	分 분 Bun	零一分 1분 YirBun	零二分 2분 YiBun
零三分 3분 SamBun	零四分 4분 SaBun	零五分 5분 OBun	零六分 6분 YoukBun
零七分 7분 QirBun	零八分 8분 ParBun	零九分 9분 GuBun	十分 10분 SibBun

十一分 11분 SibYirBun	十二分 12분 SibYiBun	十三分 13분 SibSamBun	十四分 14분 SibSaBun
十五分 15분 SibOBun	十六分 16분 SibYoukBun	十七分 17분 SibQirBun	十八分 18분 SibParBun
十九分 19분 SibGuBun	二十分 20분 YiSibBun	二十一分 21분 YiSibYirBun	二十二分 22분 YiSibYiBun
二十三分 23분 YiSibSamBun	二十四分 24분 YiSibSaBun	二十五分 25분 YiSibOBun	二十六分 26분 YiSibYoukBun
二十七分 27분 YiSibQirBun	二十八分 28분 YiSibParBun	二十九分 29분 YiSibGuBun	三十分 30분 SamSibBun
三十一分 31분 SamSibYirBun	三十二分 32분 SamSibYiBun	三十三分 33분 SamSibSamBun	三十四分 34분 SamSibSaBun
三十五分 35분 SamSibOBun	三十六分 36분 SamSibYoukBun	三十七分 37분 SamSibQirBun	三十八分 38분 SamSibParBun
三十九分 39분 SamSibGuBun	四十分 40분 SaSibBun	四十一分 41분 SaSibYirBun	四十二分 42분 SaSibYiBun
四十三分 43분 SaSibSamBun	四十四分 44분 SaSibSaBun	四十五分 45분 SaSibOBun	四十六分 46분 SaSibYoukBun

四十七分 47분 SaSibQirBun	四十八分 48분 SaSibParBun	四十九分 49분 SaSibGuBun	五十分 50분 OSibBun
五十一分 51분 OSibYirBun	五十二分 52분 OSibYiBun	五十三分 53분 OSibSamBun	五十四分 54분 OSibSaBun
五十五分 55분 OSibOBun	五十六分 56분 OSibYoukBun	五十七分 57분 OSibQirBun	五十八分 58분 OSibParBun
五十九分 59분 OSibGuBun			

季节, 月

春天 봄 Bom		三月 3월 SamWor	四月 4월 SaWor	五月 5월 OWor
夏天 여름 YaoLem		六月 6월 YoukWor	七月 7월 QiWor	八月 8월 ParWor
秋天 가을 GaEr		九月 9월 GuWor	十月 10월 SibWor	十一月 11월 SibYirWor
冬天 겨울 GyaoWur		十二月 12월 SibYiWor	一月 1월 YirWor	二月 2월 YiWor

号 일 Yir	一号 1일 YirYir	二号 2일 YiYir	三号 3일 SamYir
四号 4일 SaYir	五号 5일 OYir	六号 6일 YoukYir	七号 7일 QiYir
八号 8일 ParYir	九号 9일 GuYir	十号 10일 SibYir	十一号 11일 SibYirYir
十二号 12일 SibYiYir	十三号 13일 SibSamYir	十四号 14일 SibSaYir	十五号 15일 SibOYir
十六号 16일 SibYoukYir	十七号 17일 SibQirYir	十八号 18일 SibParYir	十九号 19일 SibGuYir
二十号 20일 YiSibYir	二十一号 21일 YiSibYirYir	二十二号 22일 YiSibYiYir	二十三号 23일 YiSibSamYir
二十四号 24일 YiSibSaYir	二十五号 25일 YiSibOYir	二十六号 26일 YiSibYoukYir	二十七号 27일 YiSibQirYir
二十八号 28일 YiSibParYir	二十九号 29일 YiSibGuYir	三十号 30일 SamSibYir	三十一号 31일 SamSibYirYir
星期 요일 YouYir	星期一 월요일 WorYouYir	星期二 화요일 HwaYouYir	星期三 수요일 SuoYouYir

<table>
<tr>
<td>

星期四
목요일
MokYouYir 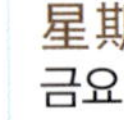

</td>
<td>

星期五
금요일
GemYouYir

</td>
<td>

星期六
토요일
TouYouYir

</td>
<td>

星期天
일요일
YirYouYir 

</td>
</tr>
<tr>
<td>

晴天
맑아요
MaGaYou 

</td>
<td>

暖和
따뜻해요
DaDetHaiYou 

</td>
<td>

风和日丽
화창해요
HwaChangHaiYou 

</td>
</tr>
<tr>
<td>

热
더워요
DaoWoYou 

</td>
<td>

阴天
흐려요
HeLyaoYou 

</td>
<td>

起雾
안개 껴요
AnGai GyaoYou

</td>
</tr>
<tr>
<td>

下雨
비가 와요.
BiGa
WaYou. 

</td>
<td>

雨停了
비가 그쳐요.
BiGa
GeChyaoYou. 

</td>
<td>

雨季
장마예요
ZhangMa
YeYou 

</td>
</tr>
<tr>
<td>

出彩虹了
무지개가 떠요.
MuJiGaiGa
DaoYou. 

</td>
<td>

潮湿
습해요
SebHaiYou 

</td>
<td>

打雷
천둥 쳐요
ChenDung
ChyaoYou 

</td>
</tr>
<tr>
<td>

打闪
번개 쳐요
BaonGai
ChyaoYou 

</td>
<td>

刮风
바람이 불어요.
BaLamYi
BurAoYou. 

</td>
<td>

凉快
시원해요
XiWenHaiYou 

</td>
</tr>
<tr>
<td>

刮台风
태풍이 몰아쳐요.
TaiPungYi
MorACheYou. 

</td>
<td>

下雪
눈이 내려요.
NenYi
NaiLYaoYou. 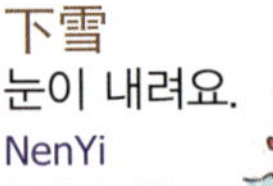

</td>
<td>

上冻
얼음이 얼어요.
AorEmYi
AorAoYou. 

</td>
</tr>
<tr>
<td>

凉
선선해요
SaonSaon
HaiYou 

</td>
<td>

凉飕飕
쌀쌀해요
SarSarHaiYou 

</td>
<td>

冷
추워요
ChuWoYou 

</td>
</tr>
</table>

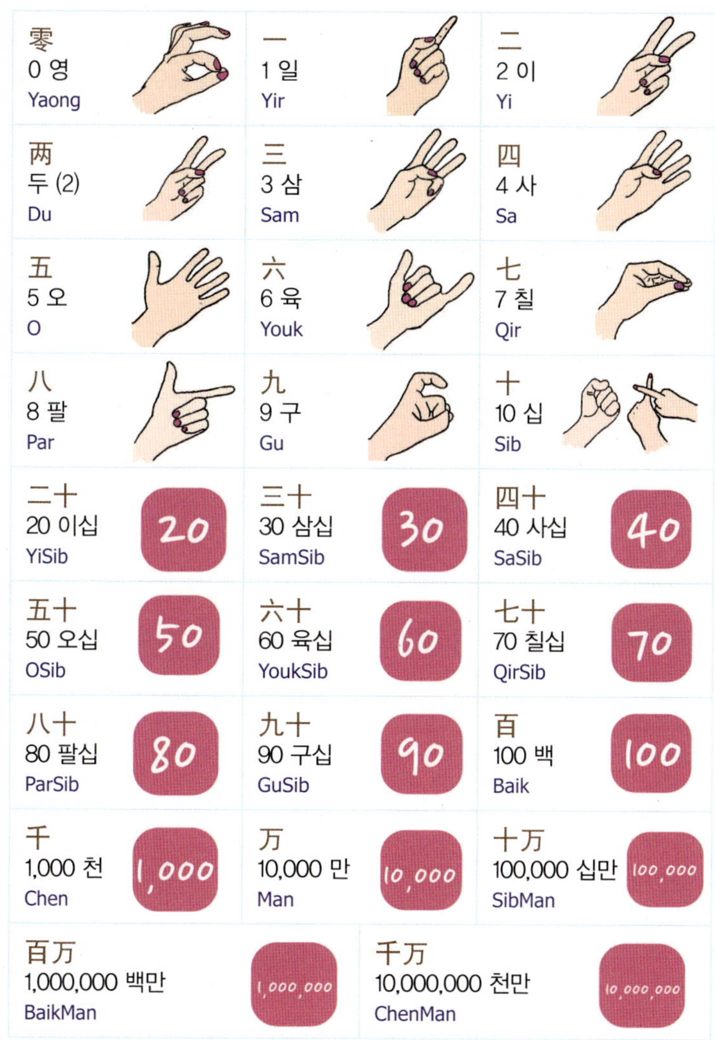

零
0 영
Yaong

一
1 일
Yir

二
2 이
Yi

两
두 (2)
Du

三
3 삼
Sam

四
4 사
Sa

五
5 오
O

六
6 육
Youk

七
7 칠
Qir

八
8 팔
Par

九
9 구
Gu

十
10 십
Sib

二十
20 이십
YiSib
20

三十
30 삼십
SamSib
30

四十
40 사십
SaSib
40

五十
50 오십
OSib
50

六十
60 육십
YoukSib
60

七十
70 칠십
QirSib
70

八十
80 팔십
ParSib
80

九十
90 구십
GuSib
90

百
100 백
Baik
100

千
1,000 천
Chen
1,000

万
10,000 만
Man
10,000

十万
100,000 십만
SibMan
100,000

百万
1,000,000 백만
BaikMan
1,000,000

千万
10,000,000 천만
ChenMan
10,000,000

个人 명 Myaong		只 마리 MaLi	
个 개 Gai		杯 잔 Zhan	
瓶 병 Byaong	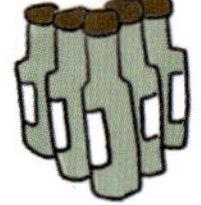	张 장 Zhang	

一天 하루(1일) HaLu(YirYir)	两天 이틀(2일) YiTer(YiYir)	三天 사흘(3일) SaHer(SamYir)	四天 나흘(4일) NaHer(SaYir)
五天 닷새(5일) DatSai(OYir)	六天 엿새(6일) YaotSai(YoukYir)	七天 이레(7일) YiLei(QirYir)	八天 여드레(8일) YaoDelei(ParYir)
九天 아흐레(9일) AHeLei(GuYir)	十天 열흘(10일) YaorHer(SibYir)	一周 일주일 YirZhuYir	两周 이주일 YiZhuYir
一个月 한 달 Han Dar	两个月 두 달 Duo Dar	一年 일 년 Yir Nyaon	两年 이 년 Yi Nyaon

英语 영어 YaongAo	ABCD EFGH	韩语 한국어 HanGukAo	가나다라 마바사아	汉语 중국어 ChungGukAo	谢谢你。 对不起。

好吃 맛있어요 MaXiAoYou		**不好吃** 맛없어요 MaAobAoYou	
淡 싱거워요 XingGaoWoYou		**烫** 뜨거워요 DeGaoWoYou	
甜 달아요 DarAYou		**咸** 짜요 Zayou	
辣 매워요 MaiWoYou		**辣乎乎的** 얼큰해요 AorKenHaiYou	
酸 시어요 XiAoYou		**苦** 써요 XaoYou	
涩 떫어요 DaobAoYou		**油腻** 느끼해요 NeGiHaiYou	
可口 고소해요 GouSouHaiYou		**清淡** 담백해요 DamBaikHaiYou	
爽口 시원해요 XiWenHaiYou		**腥** 비려요 BiLyaoYou	

PART 2

自信滿滿通韩国语

Chapter 01 出发，到达

Unit 01. 在飞机内

❶ 找座位

> **固定句式**
>
> 是 窗户 。
> 창문 입니다.
> (ChangMen) YinMiDa.

在飞机内

① 窗户 창문 ChangMen	② 空姐 스튜어디스 SiTuOuDiSi	③ 舱顶行李箱 객석 위쪽의 짐칸 GaikSaok WeiZhukEyi JimKan
④ 空调 에어컨 EiAoKaon	⑤ 阅读灯 조명 ZhouMyaong	⑥ 显示器 모니터 MoNiTao

⑦ 座位 좌석(자리) ZwaSaok(JaLi)	⑧ 耳机 이어폰 YiAoPun	⑨ 救生衣 구명조끼 life vest GuMyaongZhouGi
⑩ 呼叫按钮 호출버튼 HouChurBoTen	⑪ 安全带 안전벨트 AnZhenBairTe	⑫ 行李 짐 Jim
⑬ 通道 통로 TongLou	⑭ 紧急出口 비상구 BiSangGuo	⑮ 厕所 화장실 HwaZhangXir

核心句子

- 这是我的座位。
  제 자리입니다.
  Jei JaLiYinMiDa.

- 请帮我找一下座位。
  제 자리를 좀 안내해주세요
  Jei JaLiR Zhoum AnNaiHai JuSeiYou.

- 请问我的座位在哪里？
  제 자리는 어디인가요?
  Je JaLiNen AoDiYinGaYou?

- 我想要靠窗 / 通道的座位。
  창가 / 통로 자리를 원해요.
  ChangGa / TongLou JaLiR WenHaiYou.

■ 座位可以往后放吗?
의자를 젖혀도 될까요?
EyiZaR JaorHyaoDou DwirGaYou?

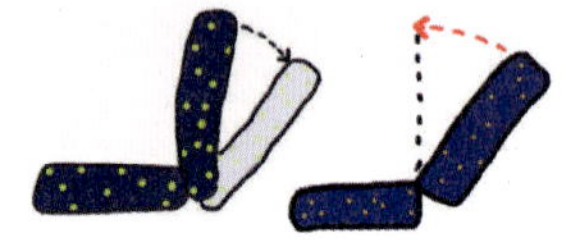

■ 请帮我找座位好吗?
자리를 좀 찾아 주시겠어요?
JaLiR Zhoum ChaAJuXiGeiAoYou?

■ 请帮我把行李放上去好吗?
짐을 올려 주시겠어요?
JimR OurLao JuXiGeiAoYou?

■ 不好意思, 能换一下座位吗?
죄송하지만 자리를 바꿔 주실 수 있나요?
JuaiSongHaChiMan JaLiR PaGuo
JuXir Su YiNaYou?

■ 我可以过去吗?
지나가도 될까요?
JiNaGaDou DwirGaYou?

❷ 机内服务

1. 跟空姐要求服务的时候

机内服务品目

报纸 신문 XinMen 	韩文 한글 HanGer	英文 영어 YaongAo	日文 일어 YirAo	中文 중국어 ChungGukAo
免税商品目录 면세품 목록 MyeonSePum MokLok 		杂志 잡지 JabJi 		
毛毯 담요 DamYou 		枕头 베개 BeiGai 		
外国人入境卡 외국인 입국카드 WeiGukYin YibGukKaDe 		纸巾 화장지 HwaZhangJi 		

▶ **机内服务 - 报纸**

A: 乘务员!
승무원!
SengMuWen!

B: 有什么可以帮您的吗？
무엇을 도와 드릴까요?
MuAoSr DoWaDeLirGaYou?

A: 请给我(报纸)。
(신문) 주세요.
(XinMen) JuSeiYou.

核心句子

- 什么时候能够到呢？
언제 도착하나요?
OunJei DoChakHaNaYou?

- 我身体不舒服, 请帮我一下。
몸이 불편해요, 도와주세요.
MomYi BurPyaonHaiYou, DoWaJuSeiYou.

2. 需要饮料或料理的时候

请给我 汽水 。
사이다 주세요.
(SaYiDa) JuSeiYou.

餐饮类

葡萄酒 와인 WaYin	雪碧 사이다 SaYiDa	可乐 콜라 KorLa
橙汁 오렌지주스 OLeinJiJuSi	牛奶 우유 WuYou	咖啡 커피 KaoPi
啤酒 맥주 MaikJu	水 물 Mur	饭 식사 XikSa
叉子 포크 PoKe	刀子 나이프 NaYiPe	筷子 젓가락 JaokGaLak

▶ 机内服务 - 饮料和料理

A: 请问您想吃点什么？
무엇으로 드시겠어요?
MuAotSeLou DeXiGaiSaoYou?

请问您想喝点什么饮料？
어떤 음료수를 드시겠어요?
AoDaon EmLiuSuR DeXiGeitSaoYou?

B: 请问有什么吃的(饮料)？
어떤 요리(음료수)가 있나요?
AoDaon YouLi(EmLiuSu)Ga YinNaYou?

A: 有鸡肉饭和牛肉饭。
닭고기와 소고기 요리가 있습니다.
DakKouGiWa SuoKouGi YouLiGa YiSibMiDa.

B: 请给我鸡肉饭。

닭고기 요리 주세요.
DakKouGi YouLi JuSeiYou.

我不需要饭，谢谢。
고맙지만, 식사 안 할게요.
GouMabJiMan, SikSa An HarGeiYou.

A: 我可以给您收拾了吗？
치워 드릴까요?
ChiWo DeLirGaYou?

B: 你能帮我收拾一下吗。
치워 주세요.
ChiWo JuSeiYou.

待会儿再收拾吧。
나중에 치워 주세요.
NazhunEi ChiWo JuSeiYou.

我吃得很好。
잘 먹었습니다.
Zhar MeGeSuoMiDa.

再给我一杯。
한 잔 더 주세요.
Han Zan De JuSeiYou.

再给我一点。
좀 더 주세요.
Zhoum De JuSeiYou.

3. 买免税品的时候

请给我 香烟 。
 담배 주세요.
(DamBei) JuSeiYou.

免税品

香烟 담배 DamBei		酒 술 Sur		化妆品 화장품 HwaZhangPum	
香水 향수 HyangSu		手表 시계 XiGei		项链 목걸이 MoGeirYi	

核心句子

- 请给我这个。
  이것으로 주세요.
  YiGaotELou JuSeiYou.

- 什么时候可以买免税品？
  면세품 판매는 언제 하나요?
  MyaonSeiPum PanMaiNen YaonJie HaNaYou?

- 请给我看一下商品目录？
  카탈로그를 보여 주시겠어요?
  KaTarLouGe BoYou JuXiGeiAoYou?

- 多少钱?
가격이 얼마예요?
GaGyaokYi AorMaYeYou?

入境卡

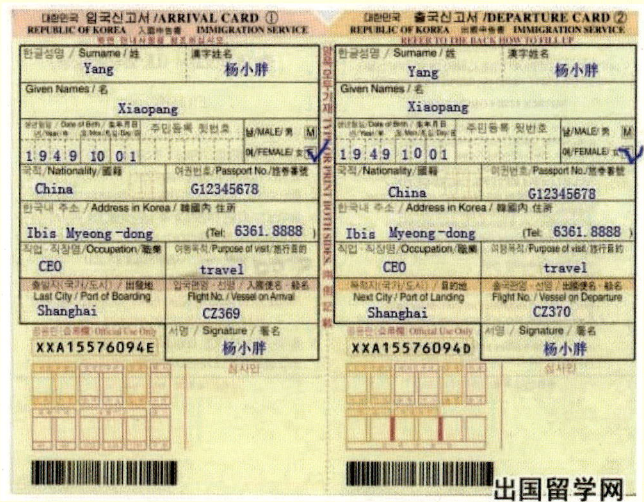

海关申告书

大韩民国海关申报单

- 所有入境人员均需填写并提交此申报单。大韩民国海关官员需要时，可随时检查旅客的行李物品。
- 以家庭为单位入境时，家庭一员代表填写即可。
- 填写前，请务必阅读申报单背面的填写须知。

姓　名			
出生日期		护照号码	
职　业		停留期限	日
旅行目的	□旅游　□商务　□探亲访友　□公务　□其他		
航班号		同行家属	人

来韩前所访国家(共　国)
1.　　　　　2.　　　　　3.

地址 (在韩住址)	
联系电话 (手机) ☎	(　　　　　)

海关申报事项

请在下列问题后"□内划"✔"，若有需要申报的物品，请在"申报物品填写栏(下端与背面)"内填写。

	是	否
1. 是否从国外(包括国内外免税店)获取(包括购买、捐赠、赠送)超出免税范围的物品(参照背面1)	□	□
2. 是否携带需要享受特殊优惠关税的FTA缔约国产品	□	□
3. 是否携带超过1万美金以上的支付工具(韩币、美金等法定货币、银行支票、旅行支票及其他有价证券等) [总额：约　　　　　]	□	□
4. 是否携带韩国违禁物品与受限物品(枪支、炮弹、刀剑、毒品以及危害国家安全和社会稳定的物品)(参照背面2)	□	□
5. 是否携带动植物、肉类加工品等需要检疫的物品；是否前往过畜禽传染病发生国家的畜禽农场 ※凡前往过畜禽农场者，均需向韩国检疫检查总部申报	□	□
6. 是否携带销售品、公司货物(样品等)、他人委托携带品、寄存或暂准进出口货物	□	□

我保证以上所填申报内容属实无误。
　　　年　　月　　日
申报人：　　　　　　　　　(签名)

85mm×210mm (一般用纸 120g/㎡)

1. 携带物品免税范围

▶ 烟·酒·香水

区分	酒	香水	烟
一般旅客	1瓶 (不超过1升，且不超过400美金)	60毫升	200根
乘务员	如上(每月仅限一次)	-	200根

*未满19周岁旅客所携带的烟·酒等物品，不属于免税范围。

▶ 其他物品

一般旅客	不超过400美金 (限本人使用、礼品、随身物品) *农林畜产品、中草药等不超过10万韩元，每种物品的数量与重量均有所限制。
乘务员	不超过100美金(每种物品限带1件或1套)

2. 违禁物品与受限物品

- 枪支、炮弹、刀剑等武器与仿真武器、炸弹、雷管、火药、放射性物质、窃听装置等
- 麻黄素、鸦片、海洛因、大麻等毒品与违禁医药品
- 危害国家安全、破坏社会稳定、泄露政府机密的物品
- 损害知识产权的冒牌产品、假钞、伪造有价证券等
- 熊胆、麝香、鹿茸、鳄鱼皮等濒危野生动植物与相关产品

3. 需检疫物品

- 活体动物(宠物等)、水产动物(鱼类)、鲜肉、肉脯、火腿肠、午餐肉、奶酪等肉类加工品
- 土壤、芒果、核桃、山参、松珥菌、橙子、樱桃等鲜果、坚果以及蔬菜等

【 申报物品填写栏 】

▶ 烟·酒·香水 (若超过免税范围，则应填写所有携带物品数量)

酒	(　　)瓶，共(　　)升，金额(　　)美金		
烟	(　　)盒(以20根为准)	香水	(　　)毫升

▶ 其他物品

品　名	数(重)量	价格(美金)

※ 填写须知

- 姓名应填写护照上的韩文名或英文名。
- 若发现未申报、虚假申报或代理携带的，根据大韩民国《关税法》将判处五年以下有期徒刑或给予拘留、增税(增收30%)、通告处分、没收等处罚。
- 根据FTA协议规定，凡符合一定要求的物品，均可享受特殊优惠关税，但需要事后申请特殊关税的，则应当进行一般进口申报。
- 若有其他疑问，请咨询海关官员或致电话1577·8577。

健康申报书

<table>
<tr><td colspan="2" align="center">

건강상태질문서 (健康狀態質問書)
(HEALTH QUESTIONNAIRE)

</td></tr>
<tr><td>

성 명(姓名)
Name

</td><td>

도착연월일 (到達年月日)
Arrival Date(YY/MM/DD)

</td></tr>
<tr><td>

국 적(國籍)
Nationality

</td><td>

선박·항공기·열차·자동차명
(船舶·航空機·列車·車輛命)
Vessel·Flight·Train·Car No.

</td></tr>
<tr><td>

여권번호(護照番号)
Passport No.

</td><td>

좌석번호 (座位號碼)
Seat No.

</td></tr>
<tr><td>

생년월일(生年月日)
Birth Date(YY/MM/DD)

</td><td>

주민등록번호 뒷자리
(내국인만 작성)
Last seven digits of ID. No
(Write for Only Korean)

</td></tr>
<tr><td>

성별(性別)
Sex   [   ]남(男)Male   [   ]여(女)Female

</td><td>

휴대전화(전화번호)
携帶電話(電話番號)
Mobile Phone No.(Tel.)

</td></tr>
<tr><td colspan="2">

한국내 주소(韓國內 地址)
Contact address in Korea

</td></tr>
</table>

과거 10일 동안의 방문국가명을 기입하여 주십시오. 請填寫過去十天之內停留的 國家
Please list the countries where you have stayed during the past 10 days before arrival.

1)   2)   3)

과거 10일 동안에 아래 증상이 있었거나 있는 경우 해당란에「∨」표시를 하여 주십시오.
過去七天之內如有以下症狀, 請在症狀前劃「∨」
Please check a mark「∨」, if you have or have had any of the following symptoms during the past 10 days before arrival.

[ ]콧물 또는 코막힘(鼻汁, 鼻閉塞) Runny or stuffy nose	[ ]인후동(咽喉痛) Sore throat	[ ]기침(咳嗽) Cough	[ ]발열(發熱·友燒) Fever
[ ]설사(腹瀉) Diarrhea	[ ]구토(嘔吐) Vomiting [ ]복통(腹痛) Abdominal pain	[ ]호흡곤란(呼吸困難) Difficulty breathing	[ ]잦은 호흡(呼吸急促) Shortness of breath

건강상태질문서 작성을 기피하거나 거짓으로 작성하여 제출하는 경우「검역법」제12조 및 제39조에 따라 1년 이하의 징역 또는 1천만원 이하의 벌금에 처할 수 있습니다.

If you make a false statement concerning your health or fail to fill out the Health Questionnaire, you may face a sentence of up to one year of imprisonment or up to thousand won in fines, in accordance with Articles 12 and 39 of the Quarantine Act.

回避惡虛假地填寫衛生檢疫單時, 依据檢疫法第十二條及制三十九條的規定, 可被判以一年以下 的徒刑蔵 1000万元以下的罰款。

국립인천공항검역소장 귀하
Incheon Airport National Quarantine Officer Ministry for Health and Welfare
Republic of Korea

148mm×210mm
(황색지 70g/㎡)

Unit 02. 入境审查

❶ 跟入境审查官的对话 1

入境审查 1

商务出差 사업차 Business SaAobCha 	旅行, 观光 여행, 관광 Outing YaoHeing, GuanGuang 	公务 공무 Convention GongMu 
就业 취업 Employment QuAob 	居住 거주 Settle down GaoJu 	探亲 친척 방문 Visiting friends of relatives QinChaok BangMen 
留学 유학 Study YouHak 	回国 귀국 Return home GwiGuk 	其它 기타 Others GiTa 

▶ 关于访问的目的

A: 请问您的访问目的是什么？
방문 목적이 무엇인가요?
BangMen MokJaokYi MuAoYinGaYou?

B: 是(商务出差)。
(사업차)예요.
(SaAobCha)YeYou.

❷ 跟入境审查官的对话 2

固定句式

在　酒店　住。
호텔　에서 머물러요.
(HouTer)EiSao MeMurLaoYou.

入境审查 2

酒店	亲戚的家里	朋友的家
호텔	친척집	친구집
HouTer 	QinChaokJib 	QinGuJib 

* 还没决定。 미정입니다. MiJaongYinMiDa.

▶ 关于住宿

A: 您住在哪里？
어디에서 머무시나요?
AoDi EiSao MeMuXiNaYou?

B: 在(酒店)住。
호텔에서 머뭅니다.
HouTerEiSao MeMubMiDa.

❸ 跟入境审查官的对话 3

A: 请给我看一下您的护照？
여권을 보여 주시겠어요?
YouGwonR BoYou JuXiGeiAoYou?

B: 给您护照。
여기 있습니다.
YouGi YiSibMiDa.

A: 请问您是从哪个国家来的？
어느 나라에서 왔나요?
AoNun NaLaEiSao WaNaYou?

B: 我是从(中国)来的。
(중국)에서 왔어요.
(ChungGuk)EiSao WaSeiYou.

A: 您会在韩国停留几天？
며칠 정도 머물 생각인가요?
MyaoQir ZhengDou MeMur SaingGakYinGaYou?

B: 我要停留(一周)。
(일주일) 머물 거예요.
(YirJuYir) MaoMur GaoYeYou.

A: 您有回程机票吗？
돌아가는 항공권을 가지고 있나요?
DourAGaNen HangGongGwonR GaJiGou YinNaYou?

B: 有。 / 没有。
네. / 아니요.
Nei. / ANiYou.

A: 您带了多少现金？
현금은 얼마나 가지고 있나요?
HyaonGemEn AorMaNa GaJiGou YinNaYou?

B: 我有 (三千韩币)。
(3,000원) 가지고 있어요.
(SamChenWen) GaJiGou YiSeiYou.

A: 第一次到这里来吗？
이 나라는 처음이세요?
Yi NaLaNen ChaoEm YiSeiYou?

B: 是。 / 不是。
네. / 아니오.
Nei. / ANiYou.

Unit 03. 取行李

❶ 取行李的时候

固定句式

我 找不到 行李。
수화물 못 찾겠어요.
SuHwaMur (Mot ChaKeiSaoYou).

找行李

丢了。
분실했어요.
BunXirHeiAoYou.

拿错了。
바뀌었어요.
BaGwiAorAoYou.

▶ 问取行李处的时候

A: 请问在哪里取行李？
수화물 찾는 곳이 어디 있나요?
SuHwaMur ChaNun GouXi AoDi YinNaYou?

B: 请问您的航班号是多少？
어느 비행기로 오셨습니까?
AoNen BiHaingGiLou OSyaotSemMiGa?

A: 航班号是E64。
E64편 비행기로 왔습니다.
Yi YoukShibSaPyaon BiHaingGiLou WaSemMiDa.

B: 请往那边走。
저쪽으로 가세요.
ZhaoZoukELou KaSeiYou.

核心句子

■ 请问哪里有手推车？
카트가 어디 있나요?
KaTouGa AoDi YinNaYou?

■ 请问失物招领处在哪里？
유실물 보관소가 어디죠?
YouShirMur BoGuanSouGa AoDiZhou?

■ 这是我的行李票。
저의 수화물 인환증입니다.
JaoEyi SuHwaMur YinHwanZhengYinMiDa.

■ 我的行李破损了。
수화물이 파손됐어요.
SuHwaMurYi PaSonDwairAoYou.

■ 我的行李还没有出来。
수화물이 나오지 않았어요.
SuHwaMurYi NaOJi AnArAoYou.

■ 我想要挂失。
분실 신고를 할게요.
BunXir XinGouR HaGeiYou.

- 请赔偿。

  보상해 주세요.

  BoShangHai ZhuSeiYou.

❷ 跟入境行李检察官的对话

这是 私人物品 。

이것은 개인 소지품 입니다.

YiGaotSun (GaiYin SouJiPum) YinMiDa.

私人物品

私人物品 개인 소지품 GaiYin SouJiPum		礼物 선물 SaonMur	

▶ 跟入境行李检察官对话的时候

A: 请给我看一下护照和申报单。

여권과 신고서를 보여 주세요.

YaouGwonGua XinGouSaoR BoYou JuSeiYou.

请问您有要申报的物品吗？

신고할 물건이 있나요?

XinGouHar MurGaonYi YinNaYou?

B: 我有物品需要申报。

신고할 물건이 있습니다.

XinGouHar MurGaonYi YiSibMiDa.

我没有物品需要申报。
신고할 물건이 없습니다.
XinGouHar MurGaonYi AobSemMiDa.

A: 请把您的行李打开一下?
가방을 열어 주시겠어요?
GaBangR YaorAo JuXiGeiSaoYou?

B: 这是 (私人物品)。
이것은 (개인 소지품) 입니다.
YiGaoSen (GaiYin SouJiPum) YinMiDa.

Unit 04. 在韩国机场

❶ 与银行职员的对话

请帮我把 （人民币） 换成 （韩币）。
（인민폐） 를 （한국돈） 으로 환전해 주세요.
(YinMinPye)R (HanGukDon)ELou HwanJaonHai JuSeiYou.

请给我 （硬币） 。
（동전으로） 주세요.
(DongJaonELou) JuSeiYou.

纸币和硬币

旅行支票 여행자 수표 YaoHaingJaSuoPyou		人民币 인민폐 YinMinPye	
韩币 한화 HanHwa		美元 달러 DarLao	
以现金的形式 현금으로 HyaonGem ELou		以支票的形式 수표로 SuoPoLou	
以纸币的形式 지폐로 JiPyeLou		以硬币的形式 동전으로 DongJaon ELou	

▶ **换钱的时候**

A: 我想把(人民币)换成(韩币), 请问汇率是多少?
(인민폐)를 (한화)로 환전하려고 하는데요, 환율이 얼마예요?
(YinMinPye)R (HanHwa)Lou HwanJaonHaLyaoGou
HaNenDeiYou, HwanYourYi AorMaYeYou?

B: 1块钱人民币兑换175韩币。
인민폐 1원이 175원입니다.
YinMinPye YirWenYi BaikQirXibOWen YinMiDa.

请问您想要怎么换?
어떻게 바꿔 드릴까요?
AoDaotGei BaGwo DeLirGaYou?

A: 各种面值都要。
다양하게 섞어 주세요.
DaYangHaGei SaoGe JuSeiYou.

请给我(100元)和(50元)面值的韩币。
(100원), (50원) 섞어 주세요.
(BaikWen), (OXibWen) SaoGe JuSeiYou.

请给我(5张)(1万元)。
(1만원)권 (5장) 주세요.
(YirManWen)Gwon (DaSaotZhang) JuSeiYou.

B: 请出示您的身份证。
신분증을 주세요.
XinBunZhengR JuSeiYou.

- 请问在哪里可以换钱？
  환전은 어디에서 하나요?
  HwanJaonEn AoDiEiSao HaNaYou?

- 请给我发票。
  영수증을 주세요.
  YaongSuoZheng JuSeiYou.

- 我想去换钱, 请问外换银行怎么走？
  환전하려고 하는데, 외환은행이 어디에 있나요?
  HwanJaonHaLyaoGou HaNunDeiYou,
  WiHwanEnHaingYi AoDiEi YinNaYou?

❷ 问导游的句子

固定句式

请给我 市内地图 。
시내지도 주세요.
(XiNeiJiDou) JuSeiYou.

请问有 观光地图 吗？
관광지도 있나요?
(GuanGuangJiDou) YinNaYou?

旅游资料

地铁路线图
지하철 노선도
JiHaChaor NaoSaonDou

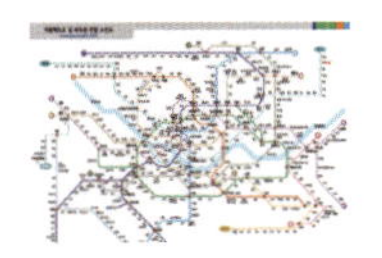

观光地图
관광지도
GuanGuangJiDou

观光信息资料
여행안내자료
YouHaiingAnNaiZhaLou

中文手册
중국어 팸플릿
ChungGukAo
PanFuoLir

市内地图
시내지도
XiNeiJiDao

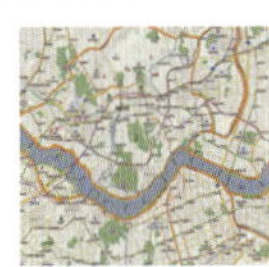

公交车路线图
버스 노선도
BaoSi LaoSenDao

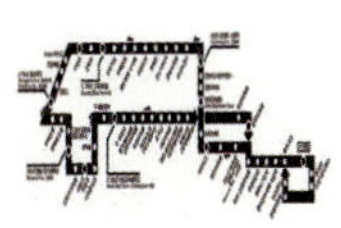

公交车时间表
버스 시간표
BaoSi SiGanPyou

酒店名单
호텔 리스트
HouTer RiSeTe

观光巴士指南
버스 투어 안내서
BaoSi TuAo AnNeiSao

▶ **想要地铁路线图等信息地图的时候**

A: 请问有(地铁路线图)吗?
(지하철 노선도) 있나요?
(JiHaChaor NaoSaonDou) YinNaYou?

B: 有。/ 没有。
있습니다. / 없습니다.
YiSemMiDa. / EbSemMiDa.

- 请告诉我去～的交通信息。
  ～ 가는 교통편을 알려 주세요.
  ~ GaNen GyouTongPyaonR ArLyao JuSeiYou.

- 可以在这里预订酒店吗？
  여기에서 호텔을 예약할 수 있나요?
  YouGeiEiSao HouTerR YeYaKHar Suo YinNaYou?

- 有中文版的吗？
  중국어로 된 것 있나요?
  ChungGukAoLou Dwi Gaot YinNaYou?

- 请问有会讲汉语的人吗？
  중국어 하시는 분 계세요?
  ChungGukAo HaSiNen Bun GyeSeiYou?

核心词汇

出发入口 출발 입구 ChurBarYibGuo	到达入口 도착 입구 DaoChakYibGuo	搭乘入口 탑승 입구 TabSengYibGuo	国内线 국내선 GukNeiSaon
办理登机中 탑승수속 중 TabSengSuoSok Chung	换乘飞机 환승 비행기 HwanSeng BiHaingGi	延迟 지연 JiYaon	空位待机 공석 대기 GongSaok DaiGi

Chapter 02 交通

Unit 01. 问地方, 问路

❶ 找地方的时候

请问 机场巴士站 在哪里?

리무진버스 정류장 이 어디에 있나요?

(LiMuJinBaoSi JaongLiuZhang)Yi AoDiEi YinNaYou?

附近有 售票厅 吗?

근처에 매표소 가 있나요?

GenCheEi (MaiPyouSou)Ga YinNaYou?

公共交通, 公用设施

汽车站 (客运站, 汽车总站) 시외버스 터미널 XiWiBaoSi TaoMiNaor	观光巴士站 관광버스 터미널 GuanGuangBaoSi TaoMiNaor	客运港口(船) 여객 터미널(선박) YaoGeik TaoMiNaor(SaonBak)

机场巴士站 리무진버스 정류장 LiMuJinBaoSi JaongLiuZhang	公交车站 버스 정류장 BaoSi JaongLiuZhang	出租车招停点 택시 정류장 TaikXi JaongLiuZhang

机场 공항 GongHang 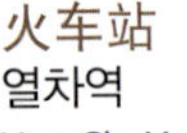	**火车站** 열차역 YaorChaYaok 	**地铁站** 지하철역 JiHaCherYaok 
停车场 주차장 JuChaZhang 	**安全出口** 비상구 BiSangGuo 	**电梯** 엘리베이터 EirLiBeiTao 
售票厅 매표소 MaiPyouSou 	**自行车租赁店** 자전거 대여점 JaJaonGao DaiYaoJaom 	**汽车租赁店** 렌트카 대여점 LeiTeKa DaiYaoJaom 
入口 / 出口 입구 / 출구 YibGuo / ChurGuo 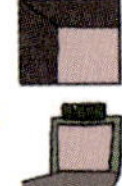	**预约窗口** 예약 창구 YeiYak ChangGuo 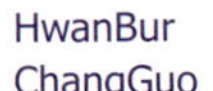	**退票窗口** 환불 창구 HwanBur ChangGuo 

核心句子

- **麻烦问一下。**
  말씀 좀 묻겠습니다.
  MarShem Zhoum MuGeiSuMiDa.

- **到～怎么走？**
  ～까지 어떻게 가나요?
  ~GaJi EDourGei GaNaYou?

- **到～需要多长时间？**
  ～까지 가는 데 시간이 얼마나 걸리나요?
  ~GaJi GaNun Dei XiGanYi ErMaNa GaoLiNaYou?

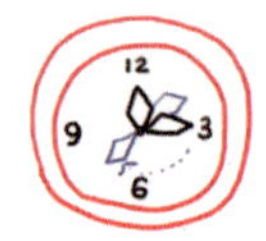

- 怎么去最快？

  어떻게 가면 가장 빠르나요?

  EDourGei GaMei GaZhang BaLeNaYou?

- 走路能到吗？

  걸어서 갈 수 있나요?

  GaoAoSao AoMaNa Gar Suo YinNaYou?

- 走路多久能到？

  걸어서 얼마나 걸리나요?

  GeolEoSeo AorMaNa GeolRiNaYou?

- 离这里远吗？(远 / 近)

  여기서 먼가요?(멀어요 / 가까워요)

  YaoGiSao MenGaYou?(MaorAoYou / GaKaWoYou)

❷ 找路的时候

固定句式

东西南北 동서남북 DongSaoNamBuk 	(在)这里 / 那里 여기 / 저기(에서) YaoGi / JaoGi(EiSao) 	在十字路口那里 사거리에서 SaGaoLiEiSao 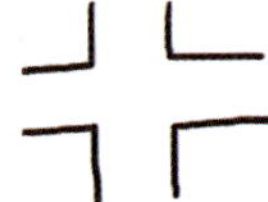
在大楼那里 건물에서 GaonMurEiSao 	在巷子那里 골목에서 GorMokEiSao 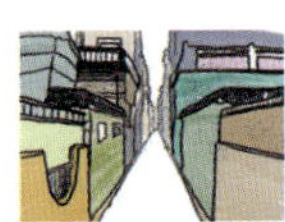	在拐角处那里 모퉁이에서 MoTungYiEiSao 
在三岔路口那里 삼거리에서 SanGaoLiEiSao 	(在)这边 / 那边 / 右边 / 左边 / 前边 / 后边 이쪽 / 저쪽 / 오른쪽 / 왼쪽 / 앞 / 뒤(에서) YiZok / JaoZok / OLenZok / WinZok / Ap / Dwi (EiSao)	

请过 桥 。
다리를 건너세요.
(DaLiR) GaonNeSeiYou.

请帮我一下, 我迷路了 。
도와주세요, 길을 잃어버렸어요 .
DoWaJuSeiYou, (GirEr YirAoBaoLyaoAoYou.)

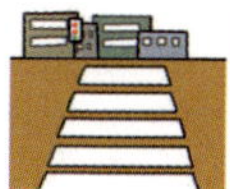

人行横道
횡단보도
HwingDanBoDou

红绿灯
신호등
XinHouDeng

我迷路了。
길을 잃어버렸어요.
GirEr YirAoBaoLyaoAoYou.

我不知到这是哪里。
여기가 어딘지 모르겠어요.
YaoGiGa AoDinJi
MoReGeiSaoYou.

▶ 问路的时候

A: 去这里的话, 怎么走?
여기 가려면 어떻게 가야 하나요?
YaoGi GaLyaoMyaon AoDaoGei GaYa HaNaYou?

B: (从这里)直走之后过(桥)。
(이쪽에서) 직진하다가 (다리)를 건너세요.
(YiZokEiSao) JikJinHaDaGa (DaLi)R GaoNeSeiYou.

A: 我走着去的话很近吗?
걸어가기에 가까운 거리입니까?
GaorAoGaGiEi GaKaWun GaoLiYibNiKa?

B: 是的, 走着去的话很近。 / 不行, 要坐车才能去。
네, 걸어갈 수 있습니다. / 아니요, 차를 타야 합니다.
Nei, GaorAoGar Su YiSibMiDa. / ANiYou, ChaR TaYa HabNiDa
HapNiDa.

A: 谢谢您。
감사합니다.
GamSaHabNiDa.

核心句子

- 乘错车了。
  차를 잘못 탔어요.
  ChaR Jar Mot TaSeiYou.

- 这里是哪里?
  여기가 어디인가요?
  YaoGiGa AoDinGaYou?

- 请问在地图的哪个位置。
  지도에 위치를 알려 주세요.
  JiDouEi WiQiR ArLyao JuSeiYou.

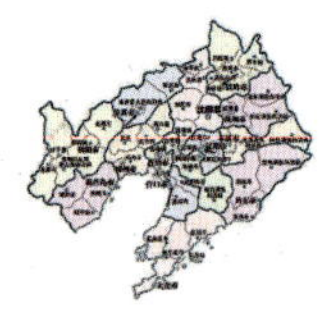

- 请画一下略图。
  약도를 그려 주세요.
  YakDoR GeLyao JuSeiYou.

- 非常感谢您的帮助。
  도와주셔서 감사합니다.
  DoWaJuSyaoSao GamSaHabNiDa.

Unit 02. 出租车

请载我去 这个地方 ，您知道吗？
이곳 으로 가 주세요, 아시겠지요?
(YiGot)ELo Ga JuSeiYou, AXiGeiJiYou?

路程

这个地方
이곳
YiGot

近路
가까운 길
GaKaWun Gir

▶ 坐出租车的时候

A: 出租车!
택시!
TaikXi!

B: 请问您去哪里？
어디까지 가세요?
AoDiKaJi GaSeiYou?

A: 请带我去(这个地方)，您知道吗？
(이곳)으로 가 주세요, 아시겠지요?
(YiGot)ELo Ga JuSeiYou, AXiGeiJiYou?

B: 您走哪条路？
어떤 길로 갈까요?
AoDaon GilLo GarKaYou?

A: 走不堵车的那条路吧。
안 막히는 곳으로 가 주세요.
An MakHiNen GoSeLo Ga JuSeiYou.

请停在这里。
여기서 세워 주세요.
YaoGiSao SeiWo JuSeiYou.

请问一共多少钱？
얼마예요?
AorMaYeYou?

请给我发票。
영수증을 주세요.
YaongSuJengR JuSeiYou.

核心句子

- 请把后备箱打开。
  트렁크를 열어 주세요.
  TeLaongKeR YaorE JuSeiYou.

- 请快一点。
  서둘러 주세요.
  SaoDurLao JuSeiYou.

- 请在这里稍等一下。
  여기에서 기다려 주세요.
  YaoGiEiSao GiDaLyao JuSeiYou.

- 请帮我叫出租车。
  택시를 불러 주세요.
  TaikXiR BurLao JuSeiYou.

- 请找钱。
거스름돈을 주세요.
GaoSeLemDonR JuSeiYou.

- 不用找钱了。
거스름돈은 됐어요.
GaoSeLemDonEn DwaiSeiYou.

- 找钱找少了。
거스름돈이 모자라요.
GaoSeLemDonYi MoJaLaYou.

包车

- 今天我想包一天车。
오늘 하루 렌탈할 택시를 찾고 있어요.
ONer HaLuo ReiTarHar TaikXiR
ChaGo YiSeiYou.

- 请问包一天车多少钱？
하루 빌리는 데 얼마예요?
HaLuo BirLiNen Dei AorMaYeYou?

- 请问能便宜多少？
얼마까지 깎아 주실 수 있어요?
AorMaGaJi GakA JuSir Su YiSeiYou?

- 如果能便宜的话我就租。
싸게 해 주면 빌릴게요.
ShaGei Hai JuMyaon BirLirGeiYou.

Unit 03. 公共汽车

❶ 市内巴士

公交车类型 1

干线公交车
간선버스
GanSaonBaoSe

支线公交车
지선버스
JiSaonBaoSe

广域公交车
광역버스
GwangYaokBaoSe

首尔旅游公交车
서울 시티 투어버스
SaoEur XiTi
TuAoBaoSe

核心句子

- 请问在哪里买公交卡？
  어디에서 버스카드를 사나요?
  AoDiEiSao BaoSeKaDeR SaNaYou?

- 请问公交卡在哪里充值？
  어디에서 버스카드를 충전하나요?
  AoDiEiSao BaoSeKaDeR
  ChungJaon HaNaYou?

- 请问去～, 应该坐几路公交车?
  ~에 가려면 몇 번 버스를 타야 하나요?
  ~Ei GaLyaoMyaon Myaot Baon BaoSeR TaYa HaNaYou?

- 请问这路公交车去～吗?
  이 버스 ~에 갑니까?
  Yi BaoSe ~Ei GabNiGa?

- 请给我去～的票。
  ~에 가는 표 주세요.
  ~Ei GaNen Pyou JuSeiYou.

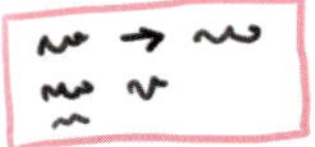

- 去～应该在哪里下?
  ~에 가는데 어디에서 내리나요?
  ~Ei GaNenDei AoDiEiSao NaiLiNaYou?

- 去～需要换乘吗?
  ~에 가려면 갈아타야 하나요?
  ~Ei GaLyaoMyaon GarATaYa HaNaYou?

- 去～应该在哪里换乘?
  ~에 가려면 어디에서 갈아타나요?
  ~Ei GaLyaoMyaon AoDiEiSao GarATaNaYou?

- 到～的时候，请告诉我。

  ～에 도착하면 알려 주세요.

  ~Ei DouChakHaMyaon ArLyao JuSeiYou.

- 在这里下。

  여기에서 내려요.

  YaoGiEiSao NaiLyaoYou.

❷ 长途汽车

请给我　一般大巴　票？

일반버스　표를 주시겠어요?

(YirBanBaoSe)Pyou JuXiGeiAoYou?

公交车类型 2

直达大巴 직행버스 JikHaingBaoSe	直通大巴 무정차버스 MuJaongChaBaoSe	一般大巴 일반버스 YirBanBaoSe

优等巴士 우등버스 WuDengBaoSe	高速大巴 고속버스 GoSokBaoSe

▶ 购买大巴车票的时候

A: 最快一班到釜山的车是几点的?
부산 가는 제일 빠른 차 몇 시에 있나요?
BuSan GaNen JeiYir BaLen Cha Myaot XiEi YinNaYou?

B: 是两点的。
2시에 있어요.
DuoXiEi YiSeiYou.

A: 请给我两张(一般大巴)票。
(일반버스) 표 2장 주세요.
(YirBanBaoSe) Pyou DuZhang JuSeiYou.

从哪里坐大巴?
버스는 어디에서 타야 하나요?
BaoSeNen AoDiEiSao TaYa HaNaYou?

B: 到5号站口坐车就可以了。
5번 탑승구에 가셔서 타면 됩니다.
OBaon TabSengGuoEi GaSyaoSao TaMyaon DwibMiDa.

A: 知道了, 谢谢您。
네, 감사합니다.
Nei, GamSaHabNiDa.

核心句子

■ 请问候车大厅在哪里?
대기실이 어디인가요?
DaiGiSirYi AoDiYinGaYou?

- 这个车走高速吗?

  이 차는 고속도로로 가나요?

  Yi ChaNen GoSoukDouLouLou GaNaYou?

- 是直达大巴吗?

  직행버스인가요?

  JikHaingBaoSeYinGaYou?

❸ 观光大巴旅游

有没有观光巴士　当日　游?

당일치기　관광버스 투어 있나요?

(DangYirChiGi) GuanGuangBaoSe YinNaYou?

期间

半日 반나절 BanNaJaor	当日 당일치기 DangYirChiGi	两日 2일 YiYir	三日 3일 SamYir

有没有　上午　的巴士半日游?

오전　관광버스 투어 있나요?

(OJaon) GuanGuangBaoSe TuAo YinNaYou?

134

时间

| 上午
오전
OJaon |  | 下午
오후
OHu |  |

▶ **询问观光巴士游的时候**

A: 今天能参加观光旅游吗?
오늘 관광투어할 수 있나요?
ONer GuanGuangTuAoHar Su YinNaYou?

B: 是的, 可以。
네, 가능해요.
Nei, GaNengHaiYou.

A: 有没有观光巴士(当日)游?
(당일치기) 관광버스 투어 있나요?
(DangYirChiGi) GuanGuangBaoSe YinNaYou?

B: 是的, 您要参加吗?
네, 투어에 참가하시겠습니까?
Nei, TuAoEi ChanGaHaXiGeiSebMiGa?

A: 是的, 我想参加。
네, 투어에 참가하고 싶어요.
Nei, TuAoEi ChanGaHaGou SiPaoYou.

B: 你想参加什么旅行?
어떤 투어에 참가하시겠어요?
AoDaon TuAoEi ChanGaHaXiGeiAoYou?

A: 我想在市内旅游。
시내관광을 하고 싶어요.
XiNaiGuanGuangR HaGou SiPaoYou.

出发前的问题

■ 有没有夜间观光巴士游？
야간 관광버스 투어 있나요?
YaGan GuanGuangBaoSe TuAo YinNaYou?

■ 请问这是去哪里的旅游路线？
어디 가는 투어인가요?
AoDi GaNen TuAoYinGaYou?

■ 请您给我说一下日程安排。
일정을 알려 주세요.
YirJaongEr ArLyaoJuSeiYou.

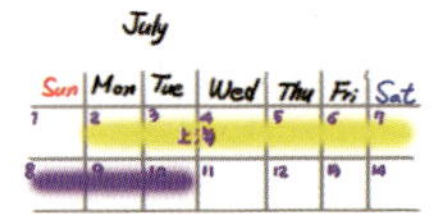

■ 在哪里报名？
신청은 어디에서 하나요?
XinChaongEn AoDiEiSao HaNaYou?

■ 什么时候出发？
출발은 언제 하나요?
ChurBarEn AonJei HaNaYou?

■ 从什么地方出发？
출발은 어디에서 하나요?
ChurBarEn AoDiEiSao HaNaYou?

- **几点出发?**
  몇 시에 출발하나요?
  Myaot XiEi ChrBarHaNaYou?

- **几点回来?**
  몇 시에 돌아오나요?
  Myaot XiEi DourAONaYou?

- **要花几个小时?**
  몇 시간 걸리나요?
  Myaot XiGan GaorLiNaYou?

- **包饭吗?**
  식사가 포함되나요?
  XirSaGa PoHanDwiNaYou?

- **费用是多少?**
  요금은 얼마인가요?
  YouGenEn AorMaYinGaYou?

- **有中国导游吗?**
  중국인 가이드는 있나요?
  ChungGukYin GaYiDeNen YinNaYou?

- **在这停留多久？**
  여기에서 얼마나 머무나요?
  YaoGiEiSao AorMaNa MaoMuNaYou?

- **有自由活动的时间吗？**
  자유시간은 있나요?
  JaYouXiGanEn YinNaYou?

- **可以乘几点的巴士回来呢？**
  몇 시에 버스로 돌아오면 되나요?
  Myaot XiEi BaoSeLou DourAOMyaon DwiNaYou?

Unit 04. 地铁

地铁路线

1号线 1호선  YirHouSaon	2号线 2호선 YiHouSaon	3号线 3호선 SamHouSaon
4号线 4호선 SaHouSaon	5号线 5호선 OHouSaon	6号线 6호선 YoutHouSaon
7号线 7호선 QiHouSaon	8号线 8호선 ParHouSaon	9号线 9호선 GuoHouSaon

* 盆唐线　분당선 BunDangSaon
* 新盆唐线　신분당선 XinBunDangSaon
* 仁川1号线　인천1호선 YinChaonYirHouSaon
* 京义中央线　경의중앙선 GyaongEyiChungAngSaon
* 京春线　경춘선 GyaongChunSaon
* 机场线　공항철도 GongHangChaorDou
* 议政府线　의정부선 EyiJengBuSaon
* 水仁线　수인선 SuYinSaon
* 爱宝乐园线　에버라인 EiBaoLaYin

- **哪里有地铁路线图？**
  지하철 노선도를 어디에서 구할 수 있나요?
  JiHaChaor NoSaonDouR AoDiEiSao GuoHar Su YinNaYou?

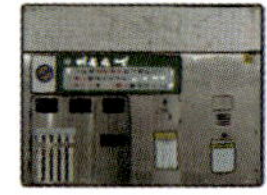

- **有地铁路线图吗？**
  지하철 노선도 있나요?
  JiHaChaor NoSaonDou YinNaYou?

- **哪里有自动卖票机？**
  자동매표기가 어디 있나요?
  JaDongMaiPyouGiGa AoDi YinNaYou?

- **怎么使用自动卖票机？**
  자동매표기를 어떻게 이용하나요?
  JaDongMaiPyouGiR AoDaotGei YiYongHaNaYou?

- **去～多少钱？**
  ～까지 얼마예요?
  ~GaJi AorMaYeYou?

- **去～应该乘几号线？**
  ～가려면 몇 호선을 타야 하나요?
  ~GaLyaoMyaon Myaot HouSaonR TaYa HaNaYou?

140

- 这是去~的地铁吗？

  ~에 가는 지하철 맞나요?

  ~Ei GaNen JiHaChaor MatNaYou?

- 去~应该在哪里下？

  ~에 가려면 어디에서 내려야 하나요?

  ~Ei GaLyaoMyaon AoDiEiSao NaiLyaoYa HaNaYou?

- 去~应该在哪里换乘？

  ~에 가려면 어디에서 갈아타나요?

  ~Ei GaLyaoMyaon AoDiEiSao GarATaNaYou?

- 去~应该从几号口出去？

  ~에 가려면 몇 번 출구로 나가야 하나요?

  ~Ei GaLyaoMyaon Myaot Baon ChurGuoLou NaGaYa HaNaYou?

- 去~应该乘哪个方向的车？

  ~에 가려면 어느 쪽에서 타야 하나요?

  ~Ei GaLyaoMyaon AoNe ZotEiSao TaYa HaNaYou?

- 我的票丢了。

  표를 잃어버렸어요.

  PyouR YiLyaoBaoLyaotSaoYou.

- 首班(末班)车是几点？

  첫차(막차)는 몇 시인가요?

  ChetCha(MakCha)Nen Myaot XiYinGaYou?

Unit 05. 列车

❶ 列车时刻表

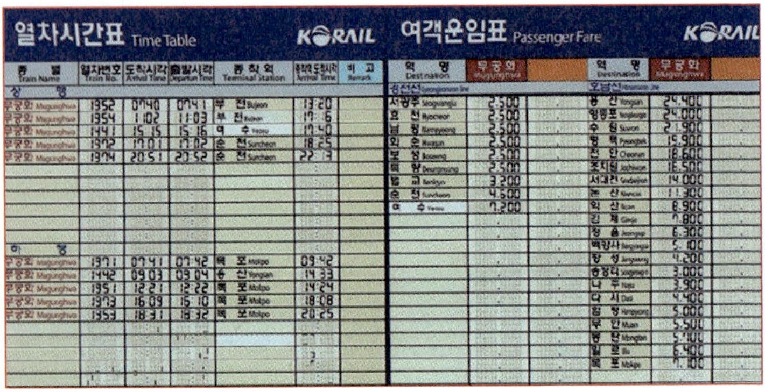

열차시간표 Time Table — KORAIL

종별 Train Name	열차번호 Train No.	도착시각 Arrival Time	출발시각 Departure Time	종착역 Terminal Station	종착역도착시각 Arrival Time	비고 Remark
상행						
무궁화 Mugunghwa	1952	07:40	07:41	부전 Bujeon	13:20	
무궁화 Mugunghwa	1954	11:02	11:03	부전 Bujeon	17:16	
무궁화 Mugunghwa	1441	15:15	15:16	여수 Yeosu	17:40	
무궁화 Mugunghwa	1902	17:01	17:02	순천 Suncheon	18:25	
무궁화 Mugunghwa	1904	20:51	20:52	순천 Suncheon	22:13	
하행						
무궁화 Mugunghwa	1371	07:41	07:42	목포 Mokpo	09:42	
무궁화 Mugunghwa	1442	09:03	09:04	용산 Yongsan	14:33	
무궁화 Mugunghwa	1951	12:21	12:22	목포 Mokpo	14:24	
무궁화 Mugunghwa	1973	16:09	16:10	목포 Mokpo	18:08	
무궁화 Mugunghwa	1953	18:31	18:32	목포 Mokpo	20:25	

여객운임표 Passenger Fare — KORAIL

역명 Destination	무궁화 Mugunghwa		역명 Destination	무궁화 Mugunghwa	
경전선 Gyeongjeonseon line			호남선 Honamseon line		
서광주 Seogwangju	2,500		용산 Yongsan	24,400	
효천 Hyocheon	2,500		영등포 Yeongdeungpo	24,000	
남평 Nampyeong	2,500		수원 Suwon	21,900	
화순 Hwasun	2,500		평택 Pyeongtaek	19,900	
보성 Boseong	2,500		천안 Cheonan	18,600	
득량 Deungnyang	2,500		조치원 Jochiwon	16,500	
벌교 Beolgyo	3,200		서대전 Seodaejeon	14,000	
순천 Suncheon	4,600		논산 Nonsan	11,300	
여수 Yeosu	7,200		익산 Iksan	8,900	
			김제 Gimje	7,800	
			정읍 Jeongeup	6,300	
			백양사 Baegyangsa	5,100	
			장성 Jangseong	4,200	
			송정리 Songjeongni	3,000	
			나주 Naju	3,900	
			다시 Dasi	4,400	
			함평 Hampyeong	5,000	
			무안 Muan	5,500	
			몽탄 Mongtan	5,700	
			일로 Illo	6,400	
			목포 Mokpo	7,100	

核心句子

- 哪里有列车时刻表？

  열차 시간표 어디에 있나요?

  YaorCha XiGanPyou AoDiEi YinNaYou?

- 请给我列车时刻表。

  열차 시간표 주세요.

  YaorCha XiGanPyou JuSeiYou.

❷ 订列车票，买列车票

1. 买列车票

哪里有 售票厅 ？

매표소 가 어디 있나요?

(MaiPyouSou)Ga AoDiEi YinNaYou?

列车站地点

售票厅	候车大厅	行李寄存处
매표소	대기실	짐 보관소
MaiPyouSou	DaiGiXir	Jim BoGwanSou

咨询台	站台	卫生间
안내소	열차 플랫폼	화장실
AnNaiSou	YaoCha PerLaitPom	HwaZhangXir

2. 买列车票

请给我 两张14号下午两点去春川的票 。

14일, 오후 2시, 춘천으로 가는 열차표 2장 주세요.

(XibSaYir, OHuo DuXi, ChunCaonERou GaNen
YaorChaPyou DuZhang) JuSeiYou.

列车 种类

KTX
KTX
KeiTiEiSi

新村号
새마을호
SaiMaErHou

木槿花号
무궁화호
MuGungHwaHou

享受号
누리로호
NuLiLouHou

ITX 青春号
ITX 청춘호
AiTiEiSi ChengChunHou

ITX 新村号
ITX 새마을호
AiTiEiSi SaiMaErHou

列车等级

优等座
우등석
WuDengSaok

普通座
보통석
BoTongSaok

其它

站票 입석표 YibSaokPyou	空调 에어컨 EiAoKaon	单程 편도 PyaonDou	往返 왕복 WangBok
列车班次 열차번호 YaorChaBaoHou	正向 순방향 SunBangHyang	逆向 역방향 YaokBangHyang	

▶ **买列车票的时候**

A: 请告诉我几点有去春川的列车?
춘천 가는 열차가 몇 시에 있나요?
ChunChenGaNen YaorChaGa Myaot XiEi YinNaYou?

核心生词

目的地 도착지 DouChakJi	日期 날짜 NarZa	列车班次 열차번호 YaorChaBaonHou
软卧 침대 ChimDai	人员数 인원 YinWen	火车票 열차표 YaorChaPyou

❸ 坐列车，换票

核心句子

■ 候车室在哪里?

대합실은 어디에 있나요?

DaiHabXirEn AoDiEi YinNaYou?

- 去水原的车在哪里搭乘?

  수원행은 어디에서 타나요?

  SuWenHaingEn AoDiEiSao TaNaYou?

- 这是去水原的车吗?

  이 열차가 수원행인가요?

  Yi YaorChaGa SuWenHaingYinGaYou?

- 退票窗口在哪里?

  환불 창구가 어디에 있나요?

  HwanBur ChangGuoGa AoDiEi YinNaYou?

- 请帮我把这张票退掉。

  이 열차표를 환불해 주세요.

  Yi YaorChaPyouR HwanBurHai JuSeiYou.

列车票

❹ 在列车内

乘务员	在哪里？
(승무원)	이 어디에 있나요?

(SengMuWen)Yi EoDiE YinNaYou?

在列车内

乘务员
승무원
SengMuWen

厕所
화장실
HwaZhangXir

▶ 换票的时候

A: 请问有什么可以帮到您？
무엇을 도와 드릴까요?
MuAotEr DoWaDeLirGaYou?

B: 请问东大邱站要从哪里下车？
동대구역 어디서 내리나요?
DongDaiGuoYaok AoDiSao NaiLiNaYou?

A: 在下一站下车。
다음 역에서 내립니다.
DaEn YaokEiSao NaiLibMiDa.

B: 啊, 明白了, 谢谢。
아, 네 감사합니다.
A, Nei GamSaHabNiDa.

核心句子

换座位

- 这是空座位吗？
  여기 빈자리인가요?
  YaoGi BinJaLiYinGaYou?

- 这是我的座位。
  여기는 제 자리예요.
  YaoGiNen Jei JaLiYeiYou.

- 请和我换个座位。
  자리 좀 바꿔 주세요.
  JaLi Zhoum BaGao JuSeiYou.

- 请和我换一下票。
  표를 좀 바꿔 주세요.
  PyouR Zhoum BaGao JuSeiYou.

- 我想问问有没有空座位, 应该去哪里问？
  빈 좌석이 있는지 알아보려면 어디로 가야 하나요?
  Bin ZwaSaokYi YinNenJi ArABoLyaoMyaon AoDiLo GaYa
  HaNaYou?

- 我买了站票, 有空座位吗？
  입석 승차권을 구입했는데요, 빈 좌석이 있나요?
  YibSaok SengChaGwonEr GuoYibHaiNenDeiYou,
  Bin ZwaSaokYi YinNaYou?

- 我想延长行程，可以换票吗？

연장해서 더 가고 싶은데 표를 바꿀 수 있나요?

YaonZhangHaiSao Dao GaGou SibEnDei PyouR
BaGur Su YinNaYou?

向乘务员询问

- 去大田的应该在哪里下？

대전행은 어디에서 내리나요?

DaiJaonHaing AoDiEiSao NaiLiNaYou?

- 去大田的在哪里换乘？

대전행은 어디에서 갈아타나요?

DaiJaonHaing AoDiEiSao GarATaNaYou?

- 车要停多久？

열차가 얼마 동안 정차하나요?

YaorChaGa AorMa DongAn JaongChaHaNaYou?

- 车已经过站了，我应该怎么办？

내릴 역을 지나쳤는데 어떻게 해야 하나요?

NaiLir YaokEr JiNaChyaotNenDei AoDaotGei
HaiYa HaNaYou?

丢票的时候

- 请给我看一下票。

표를 보여 주세요.

PyouR BoYao JuSeiYou.

- 给您。
  네, 여기 있습니다.
  Nei, YaoGi YiSibMiDa.

- 我的票丢了。
  표를 잃어버렸습니다.
  PyouR YiLyaoBaoLyaoSebMiDa.

- 在哪里乘的车?
  어디에서 타셨어요?
  AoDiEiSao TaSyaoSaoYou?

- 在～乘的车。
  ～에서 탔습니다.
  ～EiSao TaSebMiDa.

Unit 06. 飞机

❶ 预定飞机票, 确认, 变更, 取消

飞机票

飞机票 비행기표 BiHaingGiPyou	国内 국내 GukNai 	国外 국외 GukWi 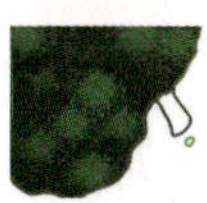
单程 편도 PyaonDou 	往返 왕복 WangBok 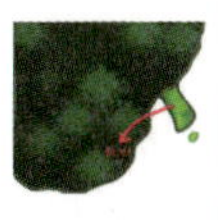	经由 경유 GyaongYou 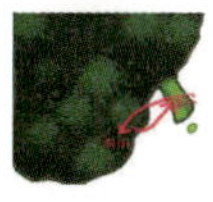
出发城市 출발 도시 ChurBar DouXi	目的城市 목적 도시 MokJaok DouXi	出发日期 출발 날짜 ChurBar NarZa
出发时间 출발 시간 ChurBar XiGan	返程日期 돌아오는 날짜 DorAONen NarZa	返程时间 돌아오는 날 시간 DorAONen Nar XiGan
舱位等级 좌석 등급 ZwaSaok DengGeb		

可以从网上打印电子票吗?
비행기 예매 사이트에서 표를 다운로드 받을 수 있을까요?
BiHaingGi YeMai SaYiTeEiSao PyouR DaWunLoDe BatEr
Su YiSerGaYou?

▶ 电话预定

A: 有什么可以帮您的吗?
무엇을 도와 드릴까요?
MuAotEr DoWa DuoLirGaYou?

B: 我想预订机票。
항공권을 예매하려고 하는데요.
HangGongGwonEr YeMaiHaLyaoGou HaNenDeiYou.

A: 您想买去哪里的机票?
어디로 가는 항공권을 원하시나요?
AoDiLou GaNen HangGongGwonEr WenHaXiNaYou?

B: 釜山。
부산요.
BuSanYou.

A: 您要什么时候出发?
언제 출발하는 걸 원하세요?
AonJei ChurBarHaNen Gaor WenHaSeiYou?

B: 十四号早上。
14일 오전 비행기요.
SibSaYir OJaon BiHaingGiYou.

B: 请问多少钱?
얼마예요?
AorMaYeYou?

A: 机票的价格是143,000元，油料附加费是4,400元，
   税收及各项缴纳费用是8,000，总计155,400。
   비행기 값 143,000원, 유류할증료 4,400원, 제세공과금 8,000원,
   합계 155,400원이에요.
   BiHaingGi Gab SibSaManSanChaonWen, YouLyouHarJengLyou
   SaChenSaBaikWen, JeiSeiGongGwaGem ParChenWen,
   HabGyei SibOManOChenSaBaikWen YiYeYou.

A: 请告诉我您的英文姓名。
   영문 이름을 알려 주세요.
   YaongMen YiLemEr ArLyao JuSeiYou.

B: 我姓JANG, 名字是Ming Ming。
   성은 JANG이고, 이름은 Ming Ming입니다.
   SaongEn JangYiGou YiLemEn Ming Ming YinMiDa.

A: 已经为您预约成功了。
   예약되었습니다.
   YekYakDwiAotSebMiDa.

核心句子

■ 大韩航空售票处在哪里?
  대한항공(KE) 매표소가 어디 있나요?
  DaiHanHangGong(KE)MaiPyouSoGa AoDi YinNaYou?

■ 我想买航班时刻表。
  항공편 시간표를 구입할게요.
  HangGongPyaon XiGanPyouR GuYibHarGeiYou.

A: 我想确认一下预订的机票。
예약을 확인하려고요.
YekYakR HwakYinHaLyaoGouYou.

我的名字是 JANG Ming Ming。
제 이름은 장 밍밍이에요.
Jei YiLemEn Jang MingMingYiEiYou.

十四号两点的飞机。
14일 2시 비행기예요.
SibSaYir DuXi BiHaingGiYeiYou.

航班号是〇〇。
비행기 편명은 〇〇이고요.
BiHaingGi PyaonMyaongEn OOYiGouYou.

B: 已经确认了您的预订。
예약이 확인되었어요.
YekYakYi HuakYinDwiAotAoYou.

没有找到您的名字。
명단에 없네요.
MyaongDanEi AobNeiYou.

A: 那么我该怎么办呢？
그럼 저는 어떻게 해야 하나요?
GeLaom JeiNen AoDaotKei HaiYa HaNaYou?

▶ 变更, 取消

A: 我要变更(取消)预订。
예약을 변경(취소)해 주세요.
YekYakR ByaonGyaong(QuSo)Hai JuSeiYou.

❷ 登记飞机和搭乘

固定句式

国内线路咨询台 在哪里?
국내선 데스크 가 어디인가요?
(GukNaiSaon DeiSeKe)Ga AoDiYinGaYou?

机场

国际线咨询台 국제선 데스크 GukJeiSaon DeiSeKe		国内线登机口 국내선 탑승구 GukNaiSaon TabSengGuo 
国际线登机口 국제선 탑승구 GukJeiSaon TabSengGuo		候机处 탑승 대기소 TabSeng DaiGiSou 

A: 请给我机票和护照。
항공권과 여권을 주세요.
HangGongGwonGwa YaoGwonR JuSeiYou.

B: 请给我靠窗的座位(靠通道的座位)。
창가 자리(통로 자리)로 주세요.
ChangGa JaLi(TongLo JaLi)Lou JuSeiYou.

行李托运。
짐을 부쳐 주세요.
JimR BuChe JuSeiYou.

A: 行李超重, 需要追加费用。
짐의 무게가 초과해서 초과운임을 내야 합니다.
JimEyi MuGeiGa ChouGwaHaiSao ChouGuaWnYimR
NaiYa HabNiDa.

B: 追加费用是多少?
초과운임이 얼마입니까?
ChouGuaWnYimYi AorMaYibMiGa?

A: 追加费用是30,000元。
초과운임은 30,000원이에요.
ChouGuaWnYimEn SanManWenYiEiYou.

B: 飞机按预定时间出发吗?
비행기는 예정대로 출발하나요?
BiHaingGiNen YeiJaongDaiLou ChrBarHaNaYou?

几点登机?
탑승 시간은 언제인가요?
TabSeng XiGanEn AonJeiYinGaYou?

核心句子

停航, 错过了飞机

- 我错过了去蔚山的飞机。
  울산으로 가는 비행기를 놓쳤어요.
  WurSanELo GaNe BiHaingGiR NotChaoSaoYou.

- 去蔚山的飞机停飞了。
  울산으로 가는 비행기가 결항됐어요.
  WurSanELo GaNe BiHaingGiGa GyaorHangDwaiSaoYou.

- 下一班航班是什么时候？
  다음 비행기는 언제예요?
  DaEm BiHaingGiNen AonJeiYeYou?

- 要等多长时间？
  얼마나 기다려야 하나요?
  AorMaNa GiDaLyaoYa HaNaYou?

Unit 07. 租汽车

我想租 大型车 。

대형차 를 빌리고 싶어요.
(DaiHyaongCha)R BirLiGou SibAoYou.

汽车的种类－大小

中型车 중형차 ChungHyaongCha		小型车 소형차 SouHyaongCha	
大型车 대형차 DaiHyaongCha		跑车 스포츠카 SePoCheKa	

▶ 租汽车的时候

A: 我想租汽车。/ 我想预订租车服务。
렌터카를 빌리려고 하는데요. / 렌터카를 예약하려고 하는데요.
LeinTeKaR BirLiLyaoGou HaNenDeiYou. /
LeinTeKaR YeiYakHaLyaoGou HaNenDeiYou.

B: 您想租哪种车?
어떤 종류의 차를 원하세요?
AoDaon ZhongLuoEyi ChaR WenHaSeiYou?

A: 我想租(大型车)。
(대형차)를 빌리고 싶어요.
(DaiHyaongCha)R BirLiGou SibAoYou.

能给我看一下租赁车的目录吗。
렌터카 목록을 보여 주세요.
LeinTeKa MokLoukR BoYao JuSeiYou.

我要这辆车。
이 차로 할게요.
Yi ChaLou HarGeiYou.

租一天多少钱?
하루 빌리는 데 얼마예요?
HaLuo BirLiNen Dei AorMaYeYou?

B: 一天50,000元。
하루 50,000원입니다.
HaLuo OManWen YinMiDa.

A: 先付钱吗?
요금은 선불인가요?
YouGemEn SaonBurYinGaYou?

B: 是的, 要先付钱。
네, 선불입니다.
Nei, SaonBurYinMiDa.

A: 我有国际驾照, 可以直接开车吗?
혹시 국제 면허증을 가지고 있는데, 직접 운전할 수 있나요?
HokXi GukJei MyaonHaoJengR GaJiGou YinNenDei,
JikJaob YunJaonHar Su YinNaYou?

B: 只有国际驾照是不能开车的。
국제 면허증만으로는 운전하실 수 없어요.
GukJei MyaonHaoJengManELouNen YunJaonHaSir Su
AobAoYou.

- 这是我的国际驾照。
  이것이 제 국제 면허증입니다.
  YiGaotYi Jei GukJei MyaonHaoJengYinMiDa.

- 这是我的国内驾照。
  이것이 제 국내 면허증입니다.
  YiGaotYi Jei GukNai MyaonHaoJengYinMiDa.

- 车里有车辆导航仪吗？
  차 안에 내비게이션 있나요?
  Cha AnEi NaiBiGeiSyao YinNaYou?

- 电池没电了。
  배터리가 떨어졌어요.
  BaiTaoLiGa DaorAoJyaoAoYou.

- 爆胎了。
  펑크 났어요.
  PaongKe NaSaoYou.

- 车不能发动了。
  시동이 안 걸려요.
  XiDongYi An GaorLyaoYou.

- 刹车失灵了。
  브레이크가 안 돼요.
  BeLeiYiKeGa An DwaiYou.

- 没油了。
  기름이 떨어졌어요.
  GiLemYi DaorAoJyaotAoYou.

- 给我加满油。
  기름을 채워 주세요.
  GiLemR ChaiWo JuSeiYou.

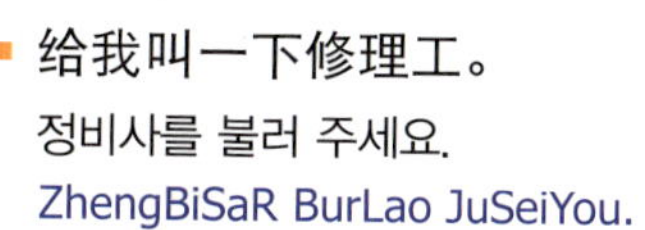

- 给我叫一下修理工。
  정비사를 불러 주세요.
  ZhengBiSaR BurLao JuSeiYou.

- 油门坏了。
  액셀러레이터가 안 돼요.
  AikSeirLaoLeiYiTeGa An DwaiYou.

- 发动机坏了。
  엔진이 안 돼요.
  EinJinYi An DwaiYou.

- 这里可以停车吗?
  여기 주차할 수 있나요?
  YaoGi JuChaHar Su YinNaYou?

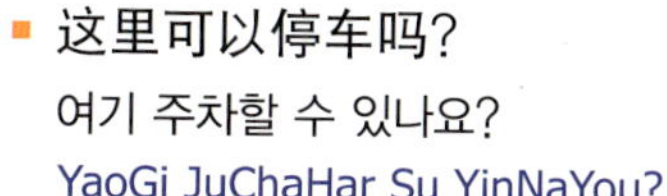

- **这里可以停车多长时间？**
  여기에서 얼마나 주차할 수 있나요?
  YaoGiEiSao AorMaNa ZhuCha Har Su YinNaYou?

- **附近有加油站吗？**
  근처에 주유소가 있나요?
  GenCheEi ZhuYouSoGa YinNaYou?

- **请帮我检查一下车。**
  차를 점검해 주세요.
  ChaR JaomGaomHai JuSeiYou.

- **请给我个紧急联系电话。**
  긴급 연락처를 알려 주세요.
  GinGeb YaonLakCheR ArLyao JuSeiYou.

道路标识

减速让行 양보 YangBo		临时停车 일시정지 YirXiJaongJi	
禁止超车 추월금지 ChuWorGemJi		限制速度 제한속도 JeiHanSokDou	
单行道 일방통행 YirBangTongHaing		禁止停车 주차금지 ZhuChaGemJi	

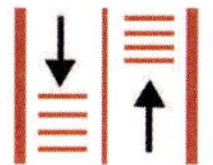

右侧通行
우측통행
WuChekTongHaing

禁止进入
진입금지
JinYibGemJi

Unit 01. 问地方

旅游咨询处 在哪里？
관광 안내소 가 어디에 있나요?
(GuanGuang AnNeiSou)Ga AoDiEi YinNaYou?

附近有 售票厅 吗？
근처에 매표소 가 있나요?
GenCheEi (MaiPyouSou)Ga YinNaYou?

玩的地方

闹市区 번화가 BaonHwaGa	剧院 극장 GekZhang 	游泳馆 수영장 SuoYaongZhang
电影院 영화관 YaongHwaGuan	游乐场 놀이동산 NorYiDongSan 	滑雪场 스키장 SeKiZhang 
练歌房 노래방 NoLaiBang 	桑拿 사우나 SaWuNa 	夜总会 나이트클럽 NaYiTeKerLaob 
动物园 동물원 DongMurWen 	植物园 식물원 SikMurWen 	

简易设施, 公共设施

洗衣房
세탁소
SeiTakSou
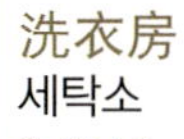

网吧
PC방
PiXiBang

澡堂
목욕탕
MokYoukTang

厕所
화장실
HwaZhangXir

按摩房
안마방
AnMaBang

洗脚房
발 마사지
Bar MaSaJi

医院
병원
ByaongWen
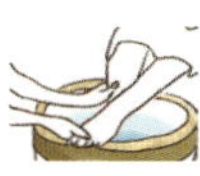

银行
은행
EnHaing

药店
약국
YakGuk
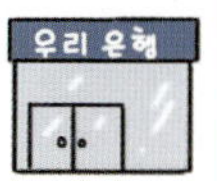

公安局
경찰서
GyaongCharSao

邮局
우체국
WuCheiGuk

消防队
소방서
SouBangSao

领事馆
영사관
YaongSaGuan

图书馆
도서관
DouSaoGuan

自动柜员机
현금지급기(ATM)
HyaonGemJiGebGi
(EiTiEm)

百货商店
백화점
BaikHwaJaom
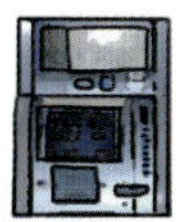

旅游咨询处
관광 안내소
GuanGuang AnNaiSou

售票厅
매표소
MaiPyouSou

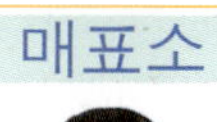

- 近吗？
  가까워요?
  GaKaWoYou?

- 远吗？
  멀어요?
  MaorAoYou?

Unit 02. 在观光地

❶ 韩国代表观光地

我想去 南山塔 。
남산 타워 에 가고 싶어요.
(NamSan TaWo)Ei GaGou SibAoYou.

景福宫 在哪里？
경복궁 은 어디 있나요?
(GyaongBokGung)En AoDi YinNaYou?

韩国代表观光地

首尔 서울 SaoWur

德寿宫 덕수궁 DaokSuGung		光化门广场 광화문 광장 GuangHwaMen GuangZhang	
昌德宫 창덕궁 ChangDaokGung		宗庙 종묘 ZhongMyou	
景福宫 경복궁 GyaongBokGung		首尔广场 서울광장 SaoWurGuangZhang	
国立民俗博物馆 국립 민속 박물관 GukLib MinSok BakMurGuan		国立故宫博物馆 국립 고궁 박물관 GukLib GouGung BakMurGuan	

北村韩屋村 북촌 한옥마을 BukChon HanOkMaEr 	仁寺洞古董街 인사동 거리 YinSaDong GeLi 
梨泰院大街 이태원 거리 YiTaiWen GeLi 	三清洞路 삼청동길 SamChengDongGir 
明洞 명동 MyaogDong 	南大门市场 남대문 시장 NamDaiMen XiZhang 
东大门时装城 동대문 패션 타운 DongDaiMen PaiSyaon TaWun 	南山 남산 Nam San 

京畿道 경기도 GyaongGiDou

临津阁 임진각 YimJinGak 	板门店 판문점 PanMenJaom 
都罗瞭望台 도라전망대 DoLaJaonMangDai 	乌头山统一瞭望台 오두산 통일전망대 ODuSan TongYirJaonMangDai 
水原华城 수원화성 SuWenHwaSheng 	南汉山城 남한산성 NamHanSanSheng 
韩国民俗村 한국 민속촌 HanGuk MinSokChon 	国立现代美术馆 국립 현대 미술관 GukLib HyaonDai MiSurGuan 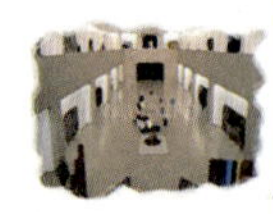
利川陶瓷器村 이천 도예 마을 YiChen DouYe MaEr 	抱川 国立树木 포천 국립 수목원 PoChen GukLib SuMorWen 

一山湖水公园
일산 호수공원
YirSan HouSuGongWen

抱川市山楂园
포천시 산사원
PoChenXi SanSaWen

九里市 高句丽铁匠村
구리시 고구려
대장간 마을
GuLiXi GouGuoLyao
DaiZhangGan MaEr

元塘 船桥酒博物馆
원당 배다리
술 박물관
WenDang BaiDaLi
Sur BakMurGuan

大田 대전 DaiJaon

EXPO科学公园
엑스포 과학 공원
EikSePo GuaHak GongWen

江原道 강원도 GangWenDou

胜利瞭望台
승리전망대
SengLiJaonMangDai

月井里站
월정리역
WenrJaongLiYaok

和平展望台
평화전망대
PyaongHwaJaonMangDai

劳动党舍
노동당사
NoDongDangSa

杨口郡亥安盆地村
양구군 펀치볼 마을
YangGuGun
PaonQiBor MaEr

头陀渊
두타연
DuTaYaon

安东铁桥
안동 철교
AnDong CherGyou

江陵市乌竹轩
강릉 오죽헌
GangLeng OJukHaon

船桥庄
선교장
SaonGyouZhang

镜浦台
경포대
GyaoPoDai

正东津
정동진
JaongDongJin

韩国野生植物园
한국 자생 식물원
HanGuk JaSaing
SikMurWen

三陟市幻仙窟
삼척시 환선굴
SanChekXi
HwanSaonGur

南怡岛
남이섬
NamYiSaom

忠清道 충청도 ChungChengDou

公州 武宁王陵
무령왕릉
MuLyaongWangLeng

公州公山城
공주 공산성
GongJu GongSanSaong

扶余扶苏山城
부여 부소산성
BuYao
BuSoSanSaong

牙山独立纪念馆
아산 독립기념관
ASan
DokLibGiNyaomGuan

淺水
천수만
ChaonSuMan

大兴东轩
대흥동헌
DaiHengDongHaon

泰安半岛
태안반도
TaiAnBanDou

落花岩
낙화암
NakHwaAm

青南台
청남대
ChengNamDai

古薮洞窟
고수동굴
GouSuDongGur

百济文化遗产园区
백제문화단지
BaikJeiMenHwaDanJi

礼山郡
예산군
YeSanGun

全罗道 전라도 JaonLaDou

罗州 牧使内衙
나주목사내아
NaZhuMokASaNaiA

潇洒园
소쇄원
SouSwaiWen

全州韩屋村
전주 한옥마을
JaonZhu
HanOkMaEr

高敞 支石墓遗址
고창 고인돌 유적지
GouChang GouYinDor
YouJaokJi

顺天湾
순천만
SuonChenMan

长兴郡有治面
장흥군 유치면
ZhangHengGun
YouQiMyaon

莞島郡青山島
완도군 청산도
WanDouGun
ChengSanDou

潭阳郡昌平面
담양군 창평면
DamYangGun
ChangPyaongMyaon

庆尚道 경상도 GyaongSangDou

佛国寺
불국사
BurGukSa

石窟庵
석굴암
SaokGurAm

安东 陶山书院
안동 도산서원
AnDong
DouSanSaoWen

安东河回村
안동 하회마을
AnDong
HaHwiMaEr

安东知礼艺术村
안동 지례 예술촌
AnDong JiLyei
YeSurChon

庆州 大陵苑
경주 대릉원
GyaongZhu
DaiLengWen

瞻星台
첨성대
ChaomSaongDai

雁鸭池
안압지
AnAbJi

国立庆州博物馆
국립 경주 박물관
GukLib GyaongZhu
BakMurGuan

庆州民俗工艺村
경주 민속 공예촌
GyaongZhu MinSok
GongYeChon

普门旅游区
보문단지
BoMenDanJi

鲍石亭
포석정
PoSaokZheng

新罗千禧公园
신라 밀레니엄 파크
XinLa MirLeiNiAom
PaKe

良洞 民俗村
양동 민속마을
YangDong
MinSokMaEr

玉山书院
옥산서원
OkSanSaoWen

闲丽海上国立公园
한려해상 국립공원
HanLyaoHaiSaong
GukLibGongWen

仁川 인천 YinChen

江华岛
강화도
GangHwaDao

釜山 부산 BuSan

札嘎其市场
자갈치 시장
ZhaGarQi XiZhang

太宗台
태종대
TaiZhongDai

乙淑岛
을숙도
ErSukDao

迎月路
달맞이길
DarMatYiGir

海东龙宫寺
해동 용궁사
HaiDong YongGungSa

大邱 대구 DaiGuo

药令市韩医学文化馆
약령시 한의학 문화관
AkLyaongXi HanEyiHak MenHwaGuan

蔚山 울산 WurSan

鲸鱼 博物馆
고래 박물관
GouLei BakMurGuan

岛 섬 Saom

济州偶来小路
제주 올레
JeiZhu OrLei

巨济岛
거제도
GaoJeiDao

小每勿岛
소매물도
SoMaiMurDou

外岛
외도
WiDou

梧桐岛
오동도
ODongDou

南海岛
남해도
NamHaiDou

郁陵岛
울릉도
WurLengDou

独岛
독도
DokDou

红岛
홍도
HongDou

珍岛
진도
JinDou

核心句子

- 请介绍一下这里值得去的旅游景点。
  이곳에서 가 볼 만한 명소를 소개해 주세요.
  YiGotEiSao Ga Bor Manhan MyaongSouR SouGaiHai JuSeiYou.

- 这里一定要去看的景点在哪里？
  이곳에서 꼭 가 봐야 할 곳은 어딘가요?
  YiGotEiSao Gok Ga BwaYa har GotEn AoDinGaYou?

❷ 在售票处

固定句式

要一张 学生 票。
학생 입장권 1장 주세요.
(HakSaing) YibZhangGwon HanZhang JuSeiYou.

请给我 中间位置的 电影票。
가운데 자리 영화표 주세요.
(GaWunDei ZhaLi) YaongHwaPyou JuSeiYou.

买 两张学生 入场券。
학생 2장 공연표 주세요.
(HakSaing DuZhang) GongYaonPyou JuSeiYou.

学生 可以打折吗？
학생 은 할인되나요?
(HakSaing)En HarYinDwaiNaYou?

<table>
<tr>
<td>成人
어른
AoLen</td>
<td></td>
<td>学生
학생
HakSaing</td>
<td></td>
<td>团体
단체
DanChei</td>
<td></td>
</tr>
<tr>
<td>老人
노인
NoYin</td>
<td></td>
<td>幼儿
유아
YouA</td>
<td></td>
<td>套票
입장권 세트
YibZhangGwon SeiTe</td>
<td></td>
</tr>
<tr>
<td>中间的座位
가운데 자리
GaWunDei JaLi</td>
<td></td>
<td>边沿
가장자리
GaZhangJaLi</td>
<td></td>
<td colspan="2">缆车票(单程 / 往返)
케이블 승차권(편도 / 왕복)
KeiYiBer SengChaGwon
(PyaonDou / WangBok)</td>
</tr>
</table>

▶ 买票的时候

A: 有票吗?
표 있나요?
Pyou ItNaYou?

B: 有。
있어요.
YiSaoYou.

售完了。
매진되었어요.
MaeJinDwiAotAoYou.

A: (学生)可以打折吗?
(학생)은 할인되나요?
(HakSaing)En HarYinDwiNaYou?

B: 是的, 可以打折, 请给我看一下你的学生证。
네, 할인됩니다. 학생증을 보여 주세요.
Nei, HarYInDoepNiDa. HakSaingJhengR BoYeo JuSeiYou.

A: 这是我的学生证。
학생증이 여기 있어요.
HakSaingZhengYi YaoGi YiSaoYou.

门票多少钱?
입장료는 얼마인가요?
YibZhangLyouNen AorMaYinGaYou?

B: 五千元。
오천원입니다.
OChaonWonYinMiDa.

A: 要一张(学生)票。
(학생) 입장권 1장 주세요.
(HakSaing) YibZhangGwon HanZhang JuSeiYou.

核心句子

- 哪里可以寄存?
  짐을 어디에 맡기나요?
  JimEr AoDiEi MatGiNaYou?

- 哪天不开放?
  무슨 요일에 휴관합니까?
  MuSen YouYirEi HyouGuanHamMiKa?

- 开门时间(关门时间)是几点?
  개장 시간(폐장 시간)은 언제인가요?
  GaiZhang XiGan(PyeZhang XiGan)En AonJeiYinGaYou?

- 自助导游语音翻译机在哪里借？

  자동안내 번역기를 어디에서 빌리나요?

  ZhaDongAnNai BaonYaokGiR AoDiEiSao BirLiNaYou?

- 想借自助导游语音翻译机。

  자동안내 번역기를 빌리고 싶어요.

  ZhaDongAnNai BaonYaokGiR BirLiGou SibAoYou.

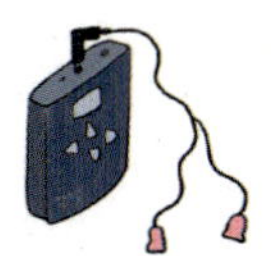

- 观光电车在哪里坐？

  어디에서 관광 유람차를 타나요?

  AoDiEiSao GuanGuang YouLamChaR TaNaYou?

- 洗手间在哪里？

  화장실이 어디에 있나요?

  HwaZhangXirYi AoDiEi YinNaYou?

核心生词		
收费(免费)停车 유료(무료) 주차 YouLyou(MuLyou) ZhuCha	停车费 주차비 ZhuChaBi	使用洗手间 화장실 이용 HwaZhangXir YiYong

❸ 在观光地

1. 问名称

这 / 那 山 叫什么名字？
이 / 저 산 의 이름은 무엇입니까?
Yi / Jao (San)Eyi YiRemEn MuAotYinMiGa?

自然景观

山 산 San 	江 강 Gang 	湖 호수 HouSuo 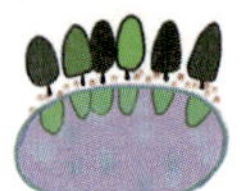
水库 저수지 JaoSuoJi 	荷塘 연못 YaonMot 	海边 해변 HaiByaon 
沼泽 습지 Sebji 	峡谷 협곡 HyaobGok 	海岸 해안 HaiAn 
洞 동굴 DongGur 	岛 섬 Saom 	森林 삼림 SamLim 
草原 초원 ChoWen 	沙漠 사막 SaMak 	瀑布 폭포 PokPo 

人工景观

喷泉 분수 BenSuo 	公园 공원 GongWen 

堤坝
댐
Daim

庭园
정원
JaongWen

文化遗址

长城
장성
ZhangSaong

名胜
명승지
MyaongSengJi

遗址
유적지
YouJaokJi

城
성
Saong

石佛
석불
SaokBur

佛像
불상
BurSang

寺庙
사찰
SaChar

塔
탑
Tab

坟墓
무덤
MuDaom

门
문
Men

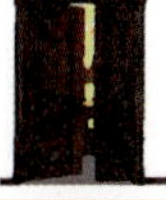

祠堂
사당
SaDang

老房子
옛날 집
YetNar Jib

故宫
고궁
GoGung

文化建筑

纪念碑
기념비
GiNyaomBi

纪念馆
기념관
GiNyaomGuan

桥
다리
DaLi

广场
광장
GuangZhang

教堂
성당
SaongDang

教会
교회
GyouHwi

博物馆
박물관
BakMurGuan

美术馆
미술관
MiSurGuan

楼
건물
GaonMur

大学
대학
DaiHak

清真寺
이슬람 사원
YiSerLam SaWen

2. 询问相关信息

多 高 ?
높이 가 어떻게 되나요?
(NotYi)Ga AoDetKei DwiNaYou?

规模

长
길이
GirYi

宽
넓이
NaorBi

重
무게
MuGei

大
크기
KeGi

核心句子

■ 这个叫什么?
이것의 이름은 무엇인가요?
YiGaotEyi YiLemEn MuAoYinGaYou?

- **那个叫什么？**
  저것의 이름은 무엇인가요?
  JaoGaotEyi YiLemEn MuAoYinGaYou?

- **这个地方谁住过？**
  누가 여기에서 살았나요?
  NuoGa YaoGiEiSao SarAtNaYou?

- **什么时候建的？**
  언제 만들어졌나요?
  AonJei ManDerAoJyaotNaYou?

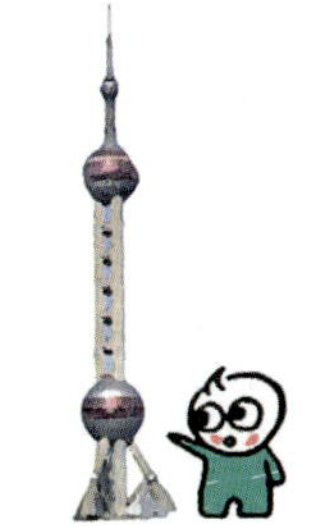

- **什么最出名？**
  가장 유명한 것은 무엇입니까?
  GaZhang YouMyaongHan GaotEn MuAoYinGaYou?

- **这个东西干什么用？**
  어디에 쓰는 물건인가요?
  AoDiEi SeNen MurGaonYinGaYou?

- **巡游什么时候开始？**
  퍼레이드는 언제 시작하나요?
  PaoLeiYiDeNen AonJei XiJakHaNaYou?

禁止出入
출입 금지
ChurYibGemJi

禁止靠近
접근 금지
JaobGenGemJi

禁烟
금연
GemYaon

请安静。
조용히 하세요.
ZhoYongHi HaSeiYou.

请勿触摸。
손대지 마세요.
SonDaiJi MaSeiYou.

请勿进入。
들어가지 마세요.
DerAoGaJi MaSeiYou.

禁止拍照
사진 촬영 금지
SaJin ChwarYaong GemJi

❹ 拍照

这个是　电源开关　。
이것은　전원 스위치　입니다.
YiGaotEn (JaonWen SeWiChi) YinMiDa.

照相机的名称

① 电源开关
전원 스위치
JaonWen SeWiChi

② 拍摄键
셔터 버튼
SyaoTe BaoTen

③ 定时自动拍摄
셀프타이머
SeirPeTaYiMao

④ 内置闪光灯
내장 플래시
NaiZhang PerLaiXi

⑤ 镜头
렌즈
LeinZhi

A: 请问，能帮忙照张相吗？
실례지만, 사진 좀 찍어 주시겠어요?
XirLyeJiMan, SaJin Zhoum JikAo JuXiGeiAoYou?

B: 摁哪个按钮？
어느 버튼을 누르면 되나요?
AoNe BaoTenR NuoLeMyaon DwiNaYou?

A: 摁这里。
여기 누르면 돼요.
YaoGi NuoLeMyaon DwaiYou.

麻烦再来一张。
한 장 더 부탁드려요.
Han Zhang De BuTakDeLyaoYou.

谢谢。
감사합니다.
GamSaHabNiDa.

A: 可以给你照张相吗？
당신의 사진을 찍어도 될까요?
DangXinUi SaJinR JikAoDou DwirGaYou?

B: 可以，照吧。
좋아요, 찍으세요.
ZhouAYou, JikESeiYou.

对不起，我很忙。
미안해요, 바빠서요.
MiAnHaiYou, BaBaSaoYou.

A: 我会把相片发给你。
사진을 보내 드릴게요.
SaJinR BoNai DeLirGeiYou.

写一个(电子邮件)地址吧。
(이메일) 주소를 적어 주세요.
(YiMeiYir) ZhuSouR JaokAo JuSeiYou.

核心句子

- 这里允许照相吗?
  여기에서 사진 찍어도 되나요?
  YaoGiEiSao SaJin JikAoDou DwiNaYou?

- 可以开闪光灯吗?
  여기에서 플래시를 터트려도 되나요?
  YaoGiEiSao PerLeiXiR TaoTeLyaoDou
  DwiNaYou?

- 这里允许摄像吗?
  여기에서 비디오 촬영해도 되나요?
  YaoGiEiSao BiDiO ChwaYaongHaiDou
  DwiNaYou?

- 要一起照相吗?
  함께 사진 찍으시겠어요?
  HamGei SaJin JikEXiGeitAoYou?

❺ 在博物馆

这是哪个时代的 遗物 ？
어느 시대의 유물 인가요?
AoNe XiDaiEyi (YouMur) YinGaYou?

博物馆

遗物 유물 YouMur		陶瓷 도자기 DoZhaGi	
化石 화석 HwaSaok		恐龙 공룡 GongLyong	

核心句子

- 这里展示的是什么？
  여기는 어떤 전시실인가요?
  YaoGiNen AoDaon JaonXiXirYinGaYou?

- 这个是用来干什么的？
  이것은 어디에 쓰는 물건인가요?
  YiGaotEn AoDiEi SeNen MurGaonYinGaYou?

- 这个叫什么名字？
  이것의 이름은 무엇인가요?
  YiGaotEyi YiLemEn MuAoYinGaYou?

- 入口在哪里?
  입구는 어디인가요?
  YibGuoNen AoDiYinGaYou?

- 出口在哪里?
  출구는 어디인가요?
  ChrGuoNen AoDiYinGaYou?

❻ 在美术馆

这个作品是 剪纸艺术 。
이 작품은 종이공예 입니다.
Yi JakPuomEn (ZhongYiGongYe) YinMiDa.

美术馆

绘画 회화 HwiHwa	传统绘画 전통 회화 JaonTong HwiHwa	陶艺 도예 DouYe
剪纸艺术 종이공예 ZhongYiGongYe	皮影艺术 그림자 예술 GeLimJa YeSer	塑造 소조 SouZhou
木偶 나무 인형 NaMu YinHyaong	风筝 연 Yaon	刺绣 자수 JaSu
书法 서예 SaoYe	雕像 조소 ZhoSou	雕刻 조각 ZhouGak

| 陶瓷
도자기
DouZhaGi |  | 玉雕
옥공예
OkGongYe |  |

核心句子

- 请给一个介绍说明手册吧。
  안내책자 주세요.
  AnNaiChaikZha JuSeiYou.

- 在哪里存包?
  짐을 어디에 맡기나요?
  JimR AoDiAi MatGiNaYou?

- 有中国导游吗?
  중국 가이드가 있나요?
  ChungGuk GaYiDeGa YinNaYou?

- 这是谁的作品？

  이것은 누구의 작품인가요?

  YiGaotEn NuoGuoEyi JakPumYinGaYou?

- 这是哪个时代的作品？

  이것은 어느 시대의 작품인가요?

  YiGaotEn AoNe XiDaiEyi JakPumYinGaYou?

- 用的什么材料？

  재료가 무엇인가요?

  JaiLyouGa MuAoYinGaYou?

❼ 在话剧, 电影馆

固定句式

请告诉我 乱打 在哪里看。

난타 어디에서 하는지 알려 주세요.

(NanTa) AoDiAiSao HaNenJi ArLyao JuSeiYou.

民俗表演

歌唱演出 창 공연 Chang GongYaon	声音版演出 소리 판 공연 SouLi Pan GongYaon	活报剧 마당극 MaDangGek

走钢丝 줄타기 JurTaGi	四物表演 사물놀이 SaMurNerYi	韩国舞蹈 한국 무용 HanGuk MuYong

核心句子

- 谁演的？

  누가 출연하나요?

  NuGa ChurYaonHaNaYou?

- 什么类型？

  어떤 장르인가요?

  AoDaon ZhangReYinGaYou?

- 我想知道演出节目的内容。

  공연의 내용을 알고 싶어요.

  GongYaonEyi NaiYongR ArGou XibAoYou.

❸ 在演唱会，音乐会演出场地

固定句式

想看 演唱会 。

콘서트 보고 싶어요.

(KounSaoTe) BoGou XibAoYou.

190

演唱会, 音乐会

乱打 난타(NanTa) NanTa		弹跳 점프(jump) JaomPe	
爱舞 사춤(sachoom) SaChum		微笑 미소(miso) MiSou	
织机男孩 배틀 비보이 (battle b-boy) BaiTer BiBoYi		爱上街舞少年的芭蕾女孩 비보이를 사랑한 발레리나 (ballerina who loves a b-boy) BiBoYiR SaLangHan BarLeiLiNa	
奇幻 판타스틱 (fanta-stick) PanTaSeTik		涂鸦秀 드로잉 쇼 (drawing show) DeLouYing Syou	

核心句子

- 请给我一个最好的位置。

  제일 좋은 자리로 주세요.

  JeiYir ZhoEn ZhaLiLou JuSeiYou.

- 请给我一个最便宜的位置。

  제일 저렴한 자리로 주세요.

  JeiYir JaoLyaomHan ZhaLiLou JuSeiYou.

- 可以订票吗?

  티켓을 예약할 수 있나요?

  TiKeitR YeYakHar Su YinNaYou?

❾ 运动

我喜欢保龄球。
저는 볼링 을 좋아해요.
JaoNen (BorLing)R ZhoAHaiYou.

我想 攀岩 。
암벽 등반 을 하고 싶어요.
(AmByaok DengBan)R HaGou XibAoYou.

哪里可以 滑降 ？
활강 하는 곳은 어디인가요?
(HwarGang) HaNen GotEn AoDiYinGaYou?

我想看 羽毛球 比赛。
배드민턴 시합을 보고 싶어요.
(BaiDeMinTaon) XiHabR BoGou XibAoYou.

运动种类

保龄球 볼링 BorLing 	攀岩 암벽 등반 AmByaok DengBan 	滑降 활강 HwarGang 
水上秋千 수상 그네 SuoSang GeNei 	滑翔跳伞 패러글라이딩 PaiLaoGerLaYiDing 	蹦极 번지 점프 BaonJi JaomPe 
钓鱼 낚시 NakXi 	人工攀岩 인공 암벽 YinGong AmByaong 	围棋 바둑 BaDuk 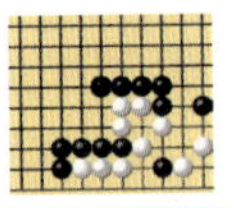

赛车 카레이싱 KaLeiYiXing	冲浪 윈드서핑 WinDeSaoPing	高尔夫 골프 GorPe
网球 테니스 TeiNiSe	滑雪 스키 SeKi	太极拳 태극권 TaiGekGwon
少林武术 소림무술 SoLimMuSur	骑马(骆驼) 말(낙타) 타기 Mar(NakTa) TaGi	足球 축구 ChukGuo
排球 배구 BaiGuo	棒球 야구 YaGuo	篮球 농구 NongGuo
乒乓球 탁구 TakGuo	剑术 검술 GaomSur	游泳 수영 SuYaong
赛马 경마 GyaongMa	拳击 권투 GwonTuo	跆拳道 태권도 TaiGwonDou
剑道 검도 GaomDou	泰拳 무에타이 MuEiTaYi	格斗 격투기 GyaokTuGi
摔跤 씨름 XiLem	台球 당구 DangGuo	羽毛球 배드민턴 BaiDeMinTaon
橄榄球 럭비 LaokBi	壁球 스쿼시 SeKwoXi	冰球 아이스하키 AYiSeHaki

<table>
<tr>
<td>手球
핸드볼
HainDeBor</td>
<td></td>
<td>登山
등산
DengSan</td>
<td></td>
<td>直排轮滑
인라인
YinLaYin</td>
<td></td>
</tr>
<tr>
<td>划艇
보트
BoTe</td>
<td></td>
<td>自行车
사이클
SaYiKer</td>
<td></td>
<td></td>
<td></td>
</tr>
</table>

▶ 喜欢的运动，爱好

A: 请问您喜欢什么运动？
무슨 운동을 좋아하세요?
MuSen WunDongR ZhoAHaSeiYou?

B: 我喜欢(保龄球)。
저는 (볼링)을 좋아해요.
JaoNen (BorLing)R ZhoAHaiYou.

A: 周末您一般会做什么？
주말에는 주로 뭐하세요?
ZhuMarEiNen ZhuLou MwoHaSeiYou?

B: 周末我一般会去钓鱼。
주말에는 주로 낚시를 하러 가요.
ZhuMarEiNen ZhuLou NakXiR HaLao GaYou.

A: 请问您想学习的运动是什么？
배우고 싶은 운동이 있으세요?
BaiWuGou SibEn WunDongYi YiSeSeiYou?

B: 我想(攀岩)。
(암벽 등반)을 하고 싶어요.
(AmByaok DengBang)R HaGou XibAoYou.

194

核心句子

- 哪个队比赛？
  어느 팀이 경기합니까?
  AoNe TimYi GyaongGiHabMiKa?

- 请给我预定。
  예약을 부탁합니다.
  YaYakR BuTakHabMiDa.

Unit 01. 找商店

商店名字

百货商店 백화점 BaikHwaJaom	集贸市场 재래시장 JaiLaiXiZhang	折扣购物中心 아울렛 AWurLeit 
纪念品商店 기념품 가게 GiNyaomPum GaGei 	古董店 골동품 가게 GorDongPum GaGei 	批发市场 도매 시장 DouMai XiZhang 
购物中心 쇼핑센터 SyouPingSeinTe 	免税店 면세점 MyaonSeiJaom 	特产店 특산품 가게 TekSanPum GaGei
韩药房 한약방 HanYakBang 	大型超市 대형 할인점 DaiHyaong HarYinJaom	书店 서점 SaoJaom 
画廊 화랑 HwaLang 	超市 슈퍼마켓 SyouPaoMaKet 	

核心句子

- **我想买～要去哪里？**
  ～를 사려면 어디로 가야 하나요?
  ~R SaLyaoMyaon AoDiLou GaYa HaNaYou?

- **去哪里购物比较好？**
  쇼핑하기 좋은 곳은 어딘가요?
  SyouPingHaGi ZhoEn GotEn AoDinGaYou?

- **有没有比较便宜的购物的地方？**
  저렴하게 물건을 살 만한 곳이 있나요?
  JaoLyaomHaGei MurGaonR Sar ManHan GotYi YinNaYou?

- **请问去哪里可以买到质量好的商品？**
  품질이 좋은 물건을 사려면 어디로 가야 하나요?
  PumZhirYi ZhoEn MurGaonR SaLyaoMyaon AoDiLou
  GaYa HaNaYou?

Unit 02. 买东西

想买　衬衫　。

남방 을 사려고 해요.

(NamBang)R SaLyaoGou HaiYou.

牛仔裤　在哪里卖?

청바지 는 어디에서 파나요?

(ChengBaJi)Nen AoDiEiSao FaNaYou?

随便看看　裤子　。

바지 구경 좀 할게요.

(BaJi) GuoGyaong Zhoum HarGeiYou.

裙子　在几层?

치마 는 몇 층에 있나요?

(QiMa)Nen Myaot ChengEi YinNaYou?

服装卖场

T恤衫 티셔츠 TiSyaoChe 	衬衫 남방 NamBang 	女式衬衫 블라우스 BerLaWuSe 
牛仔裤 청바지 ChengBaJi 	裤子 바지 BaJi 	裙子 치마 QiMa 
内衣 속옷 SoukOut 	睡衣 잠옷 JamOut 	外套 코트 KoTe 

毛衣 스웨터 SeWeiTao 	连衣裙 원피스 WenPiSe 	运动服 운동복 YounDongBouk 
夹克 재킷 JaiKit 	雨衣 우의 WuEyi 	皮衣 가죽옷 GaZhukOut 
休闲服 캐주얼복 KaiZhuAorBok 	男装 남성복 NamSaongBouk 	女装 여성복 YaoSaongBouk 
童装 아동복 ADongBouk 	西服 양복 YangBouk 	
登山服 등산복 DengSanBouk 	高尔夫球服 골프웨어 GourPeWeiAo 	
韩国传统服装 한국전통옷 HanGukZhaonTongOut 	丝绸 실크 XirKe 	

附属服装和鞋子

手绢 손수건 SouSuGaon 	领带 넥타이 NeiTaYi 	
手套 장갑 ZhangGab 	围巾 스카프 SeKaPe 	袜子 양말 YangMar 
鞋子 신발 XinBar 	皮鞋 구두 GuoDuo 	运动鞋 운동화 WunDongHwa 

高筒靴 장화 ZhangHwa 	凉鞋 샌들 SainDer 	拖鞋 슬리퍼 SerLiPao 

茶, 食品, 药

绿茶 녹차 NoukCha 	茉莉花茶 자스민차 JaSeMinCha 	菊花茶 국화차 GukHwaCha 
红茶 홍차 HongCha 	茶具 다기 DaGi 	药草 약초 YakChou 
传统点心 한과 HanGwa 	糖果 사탕 SaTang 	奶酪 치즈 QiZhi 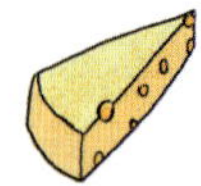
健康食品 건강식품 GaonGangSikPum 	红参 홍삼 HongSam 	人参 인삼 YinSam 

珠宝

请给我保证书。
보증서를 주세요.
BoZhengSaoR JuSeiYou.

耳环 귀걸이 GwiGaorYi 	虎眼石 호안석 HoAnSaok 

戒指 반지 banJi 	项链 목걸이 MokGaorYi 	手链 팔찌 ParZi 
纯金 순금 SuonGem 	象牙 상아 SangA 	玉 옥 Ouk 
珍珠 진주 JinZhu 	天然宝石 원석 WenSaok 	漆器 칠기 QirGi 

翡翠 비취 BiQu		大理石 대리석 DaiLiSaok	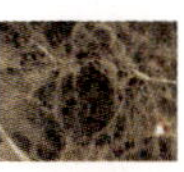	银手工艺品 은세공품 EnSeiGongPum	

配饰

腰带 벨트 BeirTe		太阳镜 선글라스 SaonGerLaSe		包 / 钱包 가방 / 지갑 GaBang / JiGab	
帽子 모자 MoJa		表 시계 XiGye		眼镜 안경 AnGyaong	

化妆品

化妆水 스킨 SeKin		乳液 로션 LoSyaon		精华液 에센스 EiSeinSe	
隔离霜 메이크업 베이스 MeiYiKeAob BeiYiSe		BB霜 비비크림 BiBiKeLim	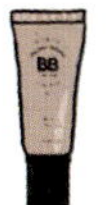	粉底 파운데이션 PaWunDeiYiSyaon	
唇蜜 립글로스 LibGeLouSe		唇膏 립스틱 LibSeTik		眼影 아이섀도 AYiSaiDou	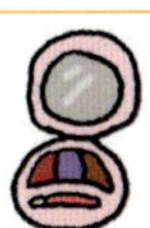
睫毛膏 마스카라 MaSeKaLa		指甲油 매니큐어 MaiNiKuAo		香水 향수 HyangSuo	
营养霜 영양크림 YaongYangKeLim		防晒霜 선크림 SaonKeLim			

相机
카메라
KaMeiLa

DVD音像店
DVD 판매점
DiVeiDi PanMeiJaom

游戏DVD
게임 DVD
GeiYim DiVeiDi

笔记本电脑
노트북
NouTeBuk

电脑
컴퓨터
KaomPuTao

智能手机
스마트폰
SeMaTaoPon

电视机
텔레비전
TeirLeiBiJaon

MP3
MP3
EmPiSan

其他

家居用品
거실용품
GaoXirYongPum

厨房用品
주방용품
ZhuBangYongPum
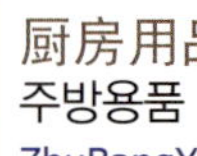

高尔夫用品
골프용품
GorPeYongPum

纸
종이
ZhongYi

钥匙扣
열쇠고리
YaorSwiGouLi

玩具
장난감
ZhangNanGam

明信片
기념엽서
GiNyaomYaoSao

古籍 / 书
고서 / 책
GouSao/Chaik

邮票
우표
Wuyo

玩偶
인형
YinHyaong

旧铜钱
옛날 동전
YetNarDongJaon

银器
은제품
EnJeiPum

床上用品
침구류
QimGuoLyou

定制家具
맞춤 가구
MatChumGaGuo

陶瓷玩偶
도자기 인형
DoJaGi YinHyaong

小镜子
손거울
SonGaoWur

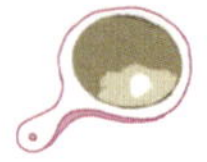

▶ 买东西的时候

A: 可以推荐绿色无害又非常好用的护肤品吗。
좋은 화장품을 추천해 주세요.
ZhoEn HwaZhangPumR ChuChaonHai JuSeiYou.

B: 您的皮肤有什么问题吗?
피부가 어떤 게 고민이신가요?
PiBuGa AoDaon Gei GouMinYiXinGaYou?

A: 因为油性皮肤的原因, 经常长痘痘。而且黑头也很多。
피부가 지성이라 여드름이 많이 나요.
PiBuGa JiSaongYiLa YaoDeLemYi MaNi NaYou.

B: 那么就推荐您使用米思纳美 (MISS NAMI) 洁面皂吧。
米思纳美 (MISS NAMI) 洁面皂的杀菌美白除螨效果非常好。
그럼 미쓰나미 비누를 한번 사용해 보세요. 살균과 미백, 블랙헤드 제거에 효과적이에요.
GeLaom MiSiNaMi BiNuoR HanBaon SaYongHai
BoSeiYou. SarGyounGwa MiBaik BerLaikHeiDe JeiGaoEi
HyouGwaJaokYiEiYou.

核心句子

■ 这是什么?
이것은 무엇입니까?
YiGaotEn MuAotYibMiKa?

■ 那是什么?
저것은 무엇입니까?
JaoGaotEn MuAotYibMiKa?

- 几点开门？
  언제 문을 여나요?
  AonJei MenR YaoNaYou?

- 几点关门？
  언제 문을 닫나요?
  AonJei MenR DatNaYou?

Unit 03. 选物品

❶ 款式

请给我看一下 其他种类 。
다른 종류 를 보여 주세요.
(Da:en ZhongLyou)R BoYao JuSeiYou.

这个 이것 YiGaot 	那个 저것 JaoGaot 	更华丽的 더 화려한 것 Dao HwaLyaoHan Gaot 
更大码的 더 큰 사이즈 Dao Ken SaYiZhi 	更小码的 더 작은 사이즈 Dao JakEn SaYiZhi 	普通点的 더 수수한 것 Dao SuSuHan Gaot 
流行商品 유행상품 YouHaing SangPum 	更重的 더 무거운 것 Dao MuGaoWun Gaot 	更轻的 더 가벼운 것 Dao GaByaoWun Gaot 
更长的 더 긴 것 Dao Gin Gaot 	更短的 더 짧은 것 Dao ZaBen Gaot 	其他种类 다른 종류 DaLen ZhongLyou 
其他款式 다른 디자인 DaLen DiZhaYin 	其他颜色 다른 색깔 DaLen SaikKar 	更便宜的 더 싼 것 Dao San Gaot 
更贵的 더 비싼 것 Dao BiSan Gaot 	新款 신상품 XinSangPum 	几种 몇 가지 Myaot GaJi 

固定句式

我想要 红色 。
저는 빨간색 을 원합니다.
JaoNen (BarGanSaik)R WenHabMiDa.

红色 빨간색 BarGanSaik	橘黄色 주황색 ZhuHwangSaik	黄色 노란색 NoLanSaik
草绿色 초록색 ChoLoukSaik	天蓝色 파란색 PaLanSaik	蓝色 남색 NamSaik
紫色 보라색 BoLaSaik	象牙色 상아색 SangASaik	土黄色 황토색 HwangTouSaik
黑色 검은색 GaomEnSaik	灰色 회색 HwiSaik	白色 흰색 HeyiSaik
褐色 갈색 GarSaik	粉红色 분홍색 BunHongSaik	淡蓝色 하늘색 HanNerSaik

❸ 材质

请给我看一下 棉 制品。
면 제품을 보여 주세요.
(Myaon) JeiPumR BoYao JuSeiYou.

棉 면 Myaon		麻 마 Ma	
绸 실크 SirKe		羊绒 울 Wur	
皮 가죽 GaJuk		涤纶 폴리에스테르 PorLiEiSeTeiLe	

❹ 穿着

能试 穿 一下吗?
입어 봐도 될까요?
(YibAo BwaDou) DwirGaYou?

穿 신다 XinDa		系 메다 MeiDa		吃 먹다 MaokDa	

<table>
<tr>
<td>

擦
바르다
BaLeDa

</td>
<td></td>
<td>

提
들다
DerDa

</td>
<td></td>
<td>

摸
만지다
ManJiDa

</td>
<td></td>
</tr>
<tr>
<td>

用
쓰다
SiDa

</td>
<td></td>
<td>

戴
착용하다
ChakYongHaDa

</td>
<td></td>
<td></td>
<td></td>
</tr>
</table>

▶ 问尺寸，颜色，材质的时候

A: (这个)请给我看一下。
(이것) 좀 보여 주세요.
(YiGaot) Zhoum BoYao JuSeiYou.

B: 请问您穿的尺寸是多少?
치수가 어떻게 되세요?
QiSuGa AoDaotKei DwiSeiYou?

A: 我的尺寸是(S / M / L)。
제 치수는 (S / M / L)예요.
Jei QiSuNen (EiSe / Em / Er)YeYou.

我也不太清楚我的尺寸是多少。
제 사이즈를 잘 모르겠어요.
Jei SaYiZhiR Jar MoLeGeitSeiYou.

帮我量一下尺寸吧。
사이즈를 재 주세요.
SaYiZhiR Jai JuSeiYou.

B: 穿小号尺寸的就可以。
스몰 사이즈 입으시면 되겠네요.
SeMor SaYiZhi YibEXiMyaon DwiGeitNeiYou.

A: 请问在哪里换衣服?
옷은 어디에서 갈아입죠?
OutEn AoDiEiSao GarAYibZho?

B: 请到那边更衣室换衣服。
탈의실에서 갈아입으세요.
TarEyiXirEiSao GarAYibESeiYou.

A: 这件衣服适合我吗?
저한테 어울리나요?
JaoHanTei AoWurLiNaYou?

B: 很适合您。
잘 어울려요.
Jar AoWurLyaoYou.

A: 这个颜色适合我吗?
이 색깔이 저한테 어울리나요?
Yi SaikKarYi JaoHanTei AoWurLiNaYou?

B: 很适合您。
잘 어울려요.
Jar AoWurLyaoYou.

A: 请给我看一下(其他颜色)的。
(다른 색깔)을 보여 주세요.
(DaLen SaikKar)R BoYao JuSeiYou.

有什么颜色的?
무슨 색깔이 있나요?
MuSen SaikKarYi YinNaYou?

B: 有红色和白色的。
빨간색과 흰색이 있습니다.
BarGanSaikGwa HeyiSaikYi YiSibMiDa.

A: 我想要(红色)。
저는 (빨간색)을 원합니다.
JaoNen (BarGanSaik)R WenHabMiDa.

这个是什么材质的?
이것의 재질은 무엇입니까?
YiGaotEyi JaiJirEn MuAotYibMiKa?

B: 这个是涤纶的。
이것은 폴리에스테르입니다.
YiGaotEn PorLiEiSeTeiLeYinMiDa.

A: 请给我看一下(棉)制品的。
(면) 제품을 보여 주세요.
(Myaon) JeiPumR BoYao JuSeiYou.

- 是真品吗?
  진품인가요?
  JinPumYinGaYou?

- 不需要。
  필요 없어요.
  PirYou AobSaoYou.

- 不买。
  안 사요.
  An SaYou.

- 没钱。

  돈이 없어요.

  DounYi AobSaoYou.

- 我再去其它地方看看。

  다른 곳 좀 보고 올게요.

  DaLenk Got Zhoum BoGou OrGeiYou.

Unit 04. 买东西

这是 一万元 。
이것은 만원 입니다.
YiGaotEn (ManWen) YinMiDa.

纸币

五万元 오만원 OManWen		一万元 만원 ManWen	
五千元 오천원 OChenWen		一千元 천원 ChenWen	

硬币

五百元 오백원 OBaikWen		一百元 백원 BaikWen	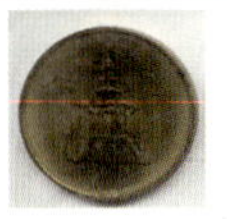
五十元 오십원 OSibWen		十元 십원 SibWen	

打 5折 。
50% 할인됩니다.
(OSibPeLou) HarYinDwibMiDa.

打折

1折 1절 (90% 할인) GuoSibPeLou HarYin 	**2折** 2절 (80% 할인) ParSibPeLou HarYin 

3折
3절 (70% 할인)
QirSibPeLou HarYin 

4折
4절 (60% 할인)
YoukSibPeLou HarYin 

5折
5절 (50% 할인)
OSibPeLou HarYin 

固定句式

用　信用卡　结帐。

신용카드　로 결제할게요.

(XinYongKaDe)Lou GyaorJeiHarGeiYou.

结帐

旅行支票 여행자수표 YaoHaingZhaSuPyou 	现金 현금 HyaonGem 
借记卡 체크카드 CheiKeKaDe 	美金 달러 DarLao 

▶ 购物和降价

A: 这个多少钱?

이건 얼마예요?

YiGaon AorMaYeYou?

B: (五千元)。
(오천원)이에요.
(OChenWen)YiEiYou.

A: 这是打了几折的价钱啊?
얼마나 할인된 가격인가요?
AorMaNa HarYinDwin GaGyaokYinGaYou?

B: 打(5折)。
(50%) 할인됩니다.
(OSibPeLou) HarYinDwibMiDa.

A: 太贵了, 便宜一点吧。
너무 비싸요, 깎아 주세요.
NaoMu BiSaYou, GakA JuSeiYou.

B: 不行。
안 돼요.
An DwaiYou.

A: 太贵了, 我去其他地方看看。
너무 비싸서 못 사겠네요, 그럼 갈게요.
NaoMu BiSaSao Mot SaGeitSaoYou, GeLaom GarGeiYou.

B: 稍等一下, 你需要我便宜多少呢?
잠깐만요, 얼마나 깎아 줄까요?
JamGanManYou, AorMaNa GakA JurKaYou?

A: 四千元。
사천원요.
SaChenWenYou.

B: 你砍价砍得太多了, 四千五百元我卖给你。
너무 심하게 깎으시네요, 사천오백원으로 해 드릴게요.
NaoMu XimHaGei GakEXiNeiYou,
SaChenOBaikWenELou Hai DeLirGeiYou.

A: 那么, 四千三百元你卖给我吧。
그럼, 사천삼백원으로 해 주세요.
GeLaom, SaChenSamBaikWenELou Hai JuSeiYou.

B: 四千四百元我卖给你。
사천사백원까지 해 드릴게요.
SaChenSaBaikWenKaJi Hai DeLirGeiYou.

A: 我就只有这些钱了。
돈이 이것밖에 없어요.
DounYi YiGaotBaKei AobSaoYou.

B: 好, 给我四千三百元吧。
좋아요, 사천삼백원만 주세요.
ZhoAYou, SaChenSamBaikWenMan JuSeiYou.

A: 谢谢, 祝你生意兴隆。
고마워요, 복받으실 거예요.
GouMaWoYou, BokBaEXir GaoYeYou.

B: 以什么方式结账?
무엇으로 결제하실 거예요?
MuAotSeLou GyaorJeiHaSir GaoYeYou?

A: 用(信用卡)结账。
(신용카드)로 결제할게요.
(XinYongKaDe)Lou GyaorJeiHarGeiYou.

核心句子

购物

- **我喜欢这个。**
  이것이 마음에 드네요.
  YiGaotYi MaEmEi DeNeiYou.

- **请给我这个。**
  이것으로 주세요.
  YiGaotSeLou JuSeiYou.

结账

- **算一下多少钱。**
  계산해 주세요.
  GyeSanHai JuSeiYou.

- **哪里有自动取款机？**
  현금인출기가 어디 있나요?
  HyaonGemYinChurGiGa AoDi YinNaYou?

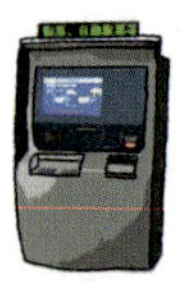

- **请给我开发票。**
  영수증 주세요.
  YaongSuZheng JuSeiYou.

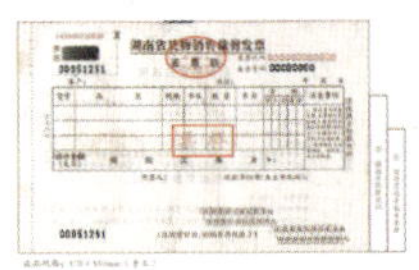

包装

- **这个是要给别人的礼物。**
  이것은 다른 사람에게 줄 선물이에요.
  YiGaotEn DaLen SaLamEiGei Jur SaonMurYiEiYou.

- 请分开包装。

  따로따로 포장해 주세요.

  DaLou DaLou PoZhangHai JuSeiYou.

- 请一起包装。

  같이 포장해 주세요.

  GatQi PoZhangHai JuSeiYou.

- 请摘下价格标签。

  가격표를 떼 주세요.

  GaGyaokPyouR Dei JuSeiYou.

- 请帮我用快递送。

  배송해 주세요.

  BaiSongHai JuSeiYou.

- 今天能送快递吗？

  오늘 배달이 가능한가요?

  ONer BaiDarYi GaNengHanGaYou?

- 快递费多少？

  배달료는 얼마예요?

  BaiDarLyouNen AorMaYeYou?

- 请送到这个地址。

  이 주소로 보내 주세요.

  Yi ZhuSouLou BoNai JuSeiYou.

- 我没有收到购买的东西。

  구입한 것이 배달되지 않았어요.

  GuoYibHan GaotYi BaiDarDwiJi AnAtSaoYou.

交换, 退钱

- 大小不合适。

  사이즈가 안 맞아요.

  SaYiZhiGa An MaZhaYou.

- 不喜欢这种款式。

  디자인이 마음에 안 들어요.

  DiZhaYinYi MaEmEi An DerAoYou.

- 这个产品有问题。

  물건에 흠이 있어요.

  MurGaonEi HemYi YiSaoYou.

- 没反应。

  작동을 안 해요.

  JakDongR An HaiYou.

- 破损了。

  파손됐어요.

  PaSon DwaitAoYou.

- 弄坏了。

  망가졌어요.

  MangGaJyaotAoYou.

- 撕破了。
  찢어졌어요.
  JiAoJyaoSaoYou.

- 我要退货。
  환불해 주세요.
  HwanBurHai JuSeiYou.

- 我要换货。
  교환해 주세요.
  GyouHwanHai JuSeiYou.

- 请帮我修改一下这里。
  이것을 고쳐 주세요.
  YiGaotR GoChe JuSeiYou.

- 还没用过。
  아직 사용하지 않았어요.
  AJik SaYongHaJi AnAtAoYou.

- 请收好发票。
  영수증 여기 있습니다.
  YaongSuJeng YaoGi YiSibMiDa.

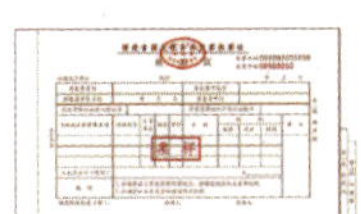

❶ 买生活用品

| 矿泉水 | 在哪里？
생수 는 어디 있나요?
(SaingSu)Nen AoDi YinNaYou?

| 牛奶 | 多少钱？
우유 는 얼마예요?
(WuYou)Nen AorMaYeYou?

生活用品

矿泉水 생수 SaingSu 	牛奶 우유 WuYou 	绿茶 녹차 NoukCha 
橙汁 오렌지주스 OLeinJiJuSi 	咖啡 커피 KaoPi 	香蕉牛奶 바나나우유 BaNaNaWuYou 
酸奶 요플레 YouPerLei 	可乐 콜라 KorLa 	雪碧 사이다 SaYiDa 
啤酒 맥주 MaikZhu 	拉面 라면 LaMyaon 	芬达 환타 HwanTa 
红茶 홍차 HongCha 	洗发水 샴푸 SamPu 	护发素 린스 LinSe 
牙膏 치약 QiYak 	牙刷 칫솔 QiSor 	漱口水 가그린 GaGeLin 

香皂 비누 BiNuo	刮胡刀 면도기 MyaonDouGi	头绳 머리끈 MaoLiGen
梳子 빗 Bit	指甲刀 손톱깎이 SonTobKaKi	化妆水 스킨 Sekin
乳液 로션 LouSyaon	湿巾 물티슈 MurTiSyou	卫生纸 화장지 HwaZhangJi
卫生巾 생리대 SaingLiDai	尿布湿 기저귀 GiJaoGwi	丝袜 스타킹 SeTaKing
袜子 양말 YangMar	信封 편지봉투 PyaonJiBongTu	雨伞 우산 WuSan
烟 담배 DamBai	打火机 라이터 LaYiTao	电池 건전지 GaonJaonJi
购物袋 쇼핑백 SyouPingBaik	圆珠笔 볼펜 BorPein	胶布 테이프 TeiYiPe
纸杯 종이컵 ZhongYiKaob	碗面 컵라면 KaobLaMyaon	香肠 소시지 SoSiJi
冰淇淋 아이스크림 AISeKeLim	口香糖 껌 Gaom	巧克力 초콜릿 ChouKorLit

棉花软糖 마시멜로 MaXiMaorLou 	驱蚊剂 모기약 MoGiYak 	除臭剂 방취제 BangQuJei 
速溶咖啡 인스턴트커피 YinSeTaonTeKePi 	糖 사탕 SaTang 	
剃胡膏 면도 크림 MyaonDou KeLim 	剃须刀片 면도날 MyaonDouNar 	

核心句子

- 这里面放糖了吗?

  여기 설탕이 들었나요?

  YaoGi SaorTangYi DerAotNaYou?

- 请给我冰的。

  시원한 것으로 주세요.

  XiWenHan GaotELou JuSeiYou.

- 请给我热的。

  따뜻한 것으로 주세요.

  DaDetHan GaotELou JuSeiYou.

❷ 买水果

水果

芒果 망고 MangGou 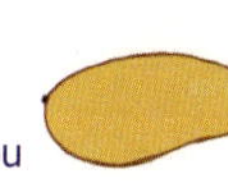	山竹 망고스틴 MangGouSeTin 	柚子 유자 YouJa 
苹果 사과 SaGwa 	梨 배 Bai 	橘子 귤 Gyour 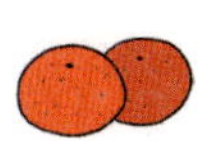
西瓜 수박 SuBak 	葡萄 포도 PoDou 	桃子 복숭아 BokSungA 
甜瓜 멜론 MeirLon 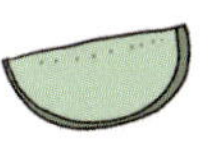	樱桃 앵두 AingDuo 	橙子 오렌지 OLeinJi 
柠檬 레몬 LeiMon 	香蕉 바나나 BaNaNa 	李子 자두 JaDuo 
榴莲 두리안 DuoLiAn 	杏子 살구 SarGuo 	柿子 감 Gam 
菠萝 파인애플 PaYinAiPer 	猕猴桃 키위 KiWi 	香瓜 참외 ChamWi 

<table>
<tr>
<td>椰子
코코넛
KoKoNaot</td>
<td></td>
<td>板栗
밤
Bam</td>
<td></td>
<td>草莓
딸기
DarGi</td>
<td></td>
</tr>
<tr>
<td>大枣
대추
DaiChu</td>
<td>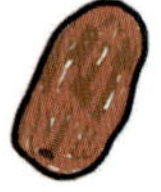</td>
<td>葡萄干
건포도
GaonPoDou</td>
<td></td>
<td></td>
<td></td>
</tr>
</table>

▶ 买水果的时候

A: 您要买什么？
무엇을 사시겠습니까?
MuAotR SaXiGeitSemMiKa?

B: (草莓)多少钱一斤？
(딸기) 한 근에 얼마예요?
(DarGi) Han GenEi AorMaYeYou?

A: 五千元。
오천원입니다.
OChenWenYinMiDa.

B: 请给我一斤。
한 근 주세요.
Han Gen JuSeiYou.

核心句子

■ 这个水果怎么吃？
이 과일은 어떻게 먹나요?
Yi GwaYirEn AoDaotGei MaokNaYou?

- **这个水果味道怎么样？**
  이 과일 맛이 어때요?
  Yi GuaYir MaXi AoDaiYou?

- **请给我新鲜的。**
  싱싱한 것으로 주세요.
  XingXingHan GaotSeLou JuSeiYou.

- **哪种水果比较甜？**
  어느 과일이 달달한가요?
  AoNen GuaYirYi DarDarHanGaYou?

- **哪种水果是酸酸的？**
  어느 과일이 새콤한가요?
  AoNen GuaYirYi SaiKomHanGaYou?

- **哪种水果好吃？**
  어느 과일이 맛있나요?
  AoNen GuaYirYi MatYinNaYou?

❸ 买蔬菜

香菜 一斤多少钱？
고수나물 1근에 얼마예요?
(GouSuNaMur) Han GenEi AorMaYeYou?

蔬菜

香菜 고수나물 GouSuNaMur 	空心菜 공심채 GongXimChai 	油菜 청경채 ChengGyaongChai 
南瓜 호박 HouBak 	胡萝卜 당근 DangGen 	青椒 피망 PiMang 
茄子 가지 GaJi 	蘑菇 버섯 BaoSaot 	土豆 감자 GamJa 
辣椒 고추 GouChu 	番茄 토마토 TouMaTou 	萝卜 무 Mu 
白菜 배추 BaiChu 	蒜 마늘 MaNer 	莲藕 우엉 WuAong 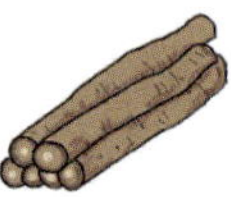
生菜 상추 SangChu 	菠菜 시금치 XiGemQi 	卷心菜 양배추 YangBaiChu 
西兰花 브로콜리 BeLouKorLi 	洋葱 양파 YangFa 	西葫芦 단호박 DanHouBak 
红薯 고구마 GouGuoMa 	黄瓜 오이 OYi 	葱 파 Fa 
豆芽 콩나물 KongNaMur 	生姜 생강 SaingGang 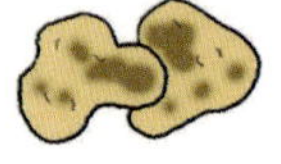	

- 请给我新鲜的。
  싱싱한 것으로 주세요.
  XingXingHan GaotELou JuSeiYou.

- 把这个东西过一下秤。
  이것을 저울에 달아 주세요.
  YiGaotR JaoWurEi DarA JuSeiYou.

- 请给我塑料袋。
  비닐 봉투를 주세요.
  BiNir BongTuoR JuSeiYou.

Chapter 05 吃饭

Unit 01. 找餐厅, 预定餐厅

❶ 找餐厅

请推荐一下 全罗道 的饭店。
전라도 음식점을 추천해 주세요.
(JaonLaDou) EmSikJaomR ChuChenHai JuSeiYou.

餐厅

韩定食 한정식 HanJaongSik	中国 중국 ChungGuk	法国 프랑스 PeLangSe 
自助餐 뷔페 BwiPei	西餐 양식 YangSik 	意大利 이탈리아 YiTarLiA 
日本 일본 YirBon 	印度 인도 YinDou	泰国 태국 TaiGuk 
西餐厅 패밀리 레스토랑 PaiMirLi LeiSeToLang 	混合料理 퓨전 음식 PyouJaon EmSik 	美食街 식당가 SikDangGa 
这个地方的传统料理 이 지방의 전통요리 Yi JiBangEyi JaonTongYouLi	好吃的 맛있는 MatXiNen 	低廉的 저렴한 JaoLyaomHan 

<table>
<tr>
<td>高级的
고급
GouGeb</td>
<td></td>
<td>安静的
조용한
ZhouYongHan</td>
<td></td>
<td>近的
가까운
GaKaWun</td>
<td></td>
</tr>
</table>

必胜客 在哪里?
피자헛 이 어디 있나요?
(PiZhaHaot)Yi AoDi YinNaYou?

快餐店 / 面食店 / 其它

面包店 제과점 JeiGuaJaom	快餐店 패스트푸드점 PaiSeTe PuDeJaom	肯德基 KFC KeiEiFeXi

麦当劳 맥도널드 MaiDouNaorDe	必胜客 피자헛 PiZhaHaot	茶馆 찻집 ChatJib

乐天利 롯데리아 LouDeiLiA	爵士酒吧 재즈바 JaiJeBa	

咖啡店 커피숍 KaoPiSyoub	美食餐厅 맛집 MatJib	

面食店 분식집 BunSikJib	酒吧 주점 ZhuJaom	

固定句式

我要预约 房间 。

방 을 예약해 주세요.
(Bang)R YeYakHai JuSeiYou.

靠窗的位置 창가자리 ChangGaJali		禁烟区 금연석 GemYaonSaok	
吸烟区 흡연석 HebYaonSaok		安静的位置 조용한 자리 ZhoYongHan JaLi	

▶ **订餐厅的时候**

A: 需要预约吗?
예약이 필요한가요?
YeYakYi PirYouHanGaYou?

B: 是的, 需要预约。
네, 필요합니다.
Nei, PirYouHabMiDa.

不需要, 直接过来就行。
아니요, 그냥 오세요.
ANiYou, GeNyang OSeiYou.

A: 我想预约(晚上六点, 五个人)。
(저녁 6시, 5명) 예약해 주세요.
(JaoNyaok YaoSaot Xi, DaSaot Myaong)YeYaokHai JuSeiYou.

核心句子

■ [指着书或者地图] 这个饭店在哪里？
이 식당은 어디 있나요?
Yi SikDangEn AoDi YinNaYou?

■ 几点开门(关门)？
몇 시에 문을 여나요(닫나요)?
Myaot XiEi MenR YaoNaYou(DatNaYou)?

■ 美食街在哪里？
식당가가 어디에 있나요?
SikDangGaGa AoDiEi YinNaYou?

❶ 点餐

<table>
<tr><td>固定句式</td><td>请给我　<u>烤肉</u>。
<u>삼겹살 구이</u> 주세요.
(SamGyaobSar GuoYi) JuSeiYou.</td></tr>
</table>

烤肉 불고기 BurGouGi		菜包肉 보쌈 BouSam	
烤肉 삼겹살 구이 SamGyaobSar GuoYi		烤牛肋眼肉 꽃등심 구이 GotDengXim GuoYi	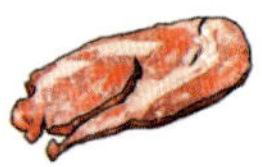
(牛/猪/鸡) 排骨 (소/돼지/닭) 갈비 (So/DwaiJi/Dat) GarBi		牛小肠 곱창 GoubChang	
鸭类 오리 요리(훈제, 진흙구이) OLi YouLi(HunJei, JinHekGuoYi)		猪蹄 족발 JokBar	
参鸡汤 삼계탕 SamGyeTang		辣烧鸡汤 닭도리탕 DakDouLiTang	
泥鳅汤 추어탕 ChuAoTang		泡菜汤 김치찌개 GimQiJiGai	
清麴酱锅 청국장찌개 ChengGukZhangJiGai		大酱汤 된장찌개 DwinZhangJiGai	

嫩豆腐汤 순두부찌개 SunDuoBuJiGai		部队火锅 부대찌개 BuDaiJiGai	
香辣牛肉汤 육개장 YoukGaiZhang		精熬牛骨汤 곰탕 GomTang	
脊骨土豆汤 감자탕 GamJaTang		牛杂碎汤 설렁탕 SaorLaongTang	
火锅菜 전골 요리 JaonGor YouLi		蔬菜包饭 쌈밥 SamBab	
拌饭 비빔밥 BiBimBab		大麦饭 보리밥 BoLiBab	
石锅拌饭 돌솥비빔밥 DourSoutBiBimBab		盖浇饭 덮밥 DaotBab	
炒饭 볶음밥 BoGenBab		烤鳗鱼 장어구이 ZhangAoGuoYi	
烤干明太鱼 황태구이 HwangTaiGuoYi	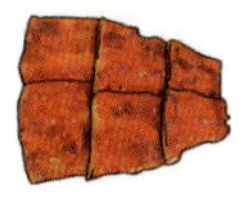	辣炒章鱼 낙지볶음 NakJiBoGem	
河豚料理 복어 요리 BokAo YouLi		炖安康鱼 아구찜 AGuoZhim	

粥 죽 Juk		刀切面 칼국수 KarGukSuo	
面片汤 수제비 SuoJeiBi		乌冬面 우동 WuDong	
拉面 라면 LaMyaon		杂菜 잡채 JabChai	
豆汁面 콩국수 KongGukSuo		喜面 잔치국수 JanQiGukSuo	
拌面 비빔국수 BiBimGukSuo		冷面 냉면 NaingMyaon	
炸酱面 자장면 JaJangMyaon		海鲜辣汤 짬뽕 ZamBong	
辣炒年糕 떡볶이 DaokBoGi		饺子 만두 ManDuo	
血肠 순대 SunDai		鱼糕 串儿 꼬치 오뎅 GouQi ODeing	
馒头 찐빵 JinBang		红豆冰 팥빙수 PatBingSuo	

油炸食品 튀김 TwiGim 	年糕 떡 Daok 
海鲜葱煎饼 해물파전 HaiMurPaJaon 	油炸猪肉片 돈가스 DonGaSe 
糖醋肉 탕수육 TangSuoYouk 	年糕汤 떡국 DaokGuk 
紫菜卷饭 김밥 GimBab 	忠武紫菜卷饭 충무김밥 ChungMuGimBab 
酱蟹 간장게장 GanZhangGeiZhang 	醒酒汤 해장국 HaiZhangGuk 
蚕蛹 번데기 BaonDeiGi 	松年糕 송편 SongPyaon 
辣汤 매운탕 MaiWunTang 	锅巴 누룽지 NuoLungJi 

料理材料

肉类 육류 **YoukLyou** 	禽类 조류 **ZhouLyou** 	爬虫类 파충류 **PaChungLyou** 
海藻类 해조류 **HaiZhouLyou** 	海鲜 생선 **SaingSaon** 	牛肉 소 **So** 
鸡 닭 **Dak** 	虾 새우 **SaiWu** 	黄鱼 조기 **ZhouGi** 
猪肉 돼지 **DwaiJi** 	鸭 오리 **OLi** 	墨鱼 오징어 **OJingAo** 
带鱼 갈치 **GarQi** 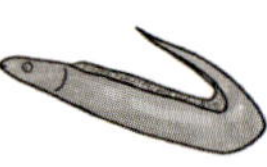	羊肉 양 **Yang** 	鹅 거위 **GaoWi** 
蟹 게 **Gei** 	鲤鱼 잉어 **YingAo** 	山羊 염소 **YaomSou** 
鸽子 비둘기 **BiDurGi** 	章鱼 문어 **MenAo** 	鲫鱼 붕어 **BungAo** 

驴 당나귀 DangNaGwi	鸡蛋 달걀 DarGyar	龙虾 가재 GaJai
鳗鱼 장어 ZhangAo	狗肉 개 Gai	蛇 뱀 Baim
贝壳 조개 ZhouGai	排骨 갈비 GarBi	田鸡 개구리 GaiGuoLi
牡蛎 굴 Gur	芹菜 미나리 MiNaLi	玉米 옥수수 OukSuSu
板筋 힘줄 HimJur	甲鱼 자라 JaLa	豆腐 두부 DuoBu
茄子 가지 GaJi	豆芽 콩나물 KongNaMur	大肠 창자 ChangJa
松口菇 송이버섯 SongYiBaoSaot	黄瓜 오이 OYi	番茄 토마토 TouMaTou

请给我 叉子 。
포크 주세요.
(PoKe) JuSeiYou.

请给我换一下 餐具 。
수저 를 바꿔 주세요.
(SuJao)R BaGwo JuSeiYou.

餐具，佐料，甜品

碗 그릇 GeLet 	杯子 컵 Kaob 	叉子 포크 PoKe 
餐具 수저 SuJao 	盘子 접시 JaobXi 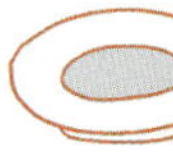	筷子 젓가락 JaotGaLak 
餐刀 나이프 NaYiPe 	餐巾纸 냅킨 NaibKin 	汤勺 국자 GukJa 
茶 차 Cha 	水 물 Mur 	冰水 시원한 물 XiWenHan Mur 
矿泉水 생수 SaingSu 	盐 소금 SouGem 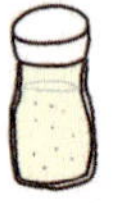	胡椒 후춧가루 HuChtGaLuo 
酱油 간장 GanZhang 	糖 설탕 SaorTang 	冰淇淋 아이스크림 AISeKeLim 

咖啡 커피 KaoPi		水果 과일 GwaYir		甜品 디저트 DiJaoTe	
泡菜 김치 GimQi	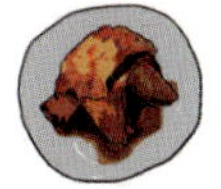	辣椒面 고춧가루 GouChutGaLuo		红酒 와인 WaYin	

▶ 在餐厅

A: 欢迎光临。
어서 오세요.
AoSao OSeiYou.

B: 我是预约了七点钟的 (明明)。
7시에 예약한 (밍밍)이에요.
YirGobXiEi YeYakHan (MingMing)YiEiYou.

没预约有位置吗?
예약을 안 했는데 자리 있나요?
YeYakR An HaitNenDei JaLi YinNaYou?

A: 请问几位?
몇 분이세요?
Myaot BunYiSeiYou?

B: (五)个人。
(5)명이에요.
(DaSaot)MyaongYiEiYou.

A: 请走这边。
이쪽으로 오세요.
YiZoukELou OSeiYou.

请坐这里。
여기에 앉으세요.
YaoGiEi AnZhiSeiYou.

▶ 点菜的时候

A: 服务员！
종업원!
ZhongAobWen

B: 要点菜吗？
주문하시겠어요?
ZhuMenHaXiGeitAoYou?

A: 饭前先点个茶(酒)水。
식사 전에 차(술)를 주문할게요.
SikSa JaonEi Cha(Sur)R ZhuMenHarGeiYou.

点菜。
주문할게요.
ZhuMenHarGeiYou.

等一下点菜。
조금 있다 주문할게요.
ZhouGem YiDa ZhuMenHarGeiYou.

B: 请问您要点什么？
무엇을 주문하시겠어요?
MuAotR ZhuMenHaXiGeiSaoYou?

A: 请给我(酱蟹)。
(간장게장) 주세요.
(GanZhangGeiZhang) JuSeiYou.

请给我这个。
이것으로 주세요.
YiGerERou JuSeiYou.

请给我一份一样的。
같은 것으로 주세요.
GaEn GaotELou JuSeiYou.

请给我和那个一样的。
저것과 같은 것으로 주세요.
JaoGaotGwa GaTen GaotSeLou JuSeiYou.

请不要放苏子叶。
깻잎 넣지 마세요.
GaitYib NaoQi MaSeiYou.

请给我弄不辣的。
맵지 않게 해 주세요.
MaibJi AnKei Hai JuSeiYou.

我点的菜大概要等多久？
제가 시킨 요리는 얼마나 기다려야 하나요?
JeiGa XiKin YouLiNen AorMaNa GiDaLyaoYa HaNaYou?

可以换菜吗？
주문을 바꿔도 되나요?
ZhuMenR BaGwoDou DwiNaYou?

请把我点的菜取消。
주문을 취소하고 싶어요.
ZhuMenR QuSouHaGou SibAoYou.

请给我换个位子。
자리를 바꿔 주세요.
JaLiR JuSeiYou.

点菜

- 今天的推荐菜是什么？
  오늘의 추천 요리는 무엇인가요?
  ONerEyi ChuChen YouLiNen MuAoYinGaYou?

- 这个地方的名菜是什么？
  이 지방의 유명 요리는 무엇인가요?
  Yi JiBangEyi YouMyaong YouLiNen MuAoYinGaYou?

- 有什么清淡一点的菜？
  담백한 요리는 무엇인가요?
  DamBaikHan YouLiNen MuAoYinGaYou?

- 请把菜单给我。
  메뉴판을 주세요.
  MeiNyouPanR JuSeiYou.

- 没有带图片的菜单吗？
  사진 있는 메뉴판은 없나요?
  SaJin YinNen MeiNyouPanEn AobNaYou?

- 这个是免费的还是要钱的？
  이것은 무료인가요, 유료인가요?
  YiGaotEn MuLyouYinGaYou, YouLyouYinGaYou?

吃饭时的问题

- 这道菜怎么吃？

  이 요리는 어떻게 먹나요?
  Yi YouLiNen AoDaotKe MaokNaYou?

- 有甜品吗？

  디저트 있나요?
  DiZaoTe YinNaYou?

吃饭时的要求

- 再给我来点这个。

  이것 좀 더 주세요.
  YiGaot Zhom Dao JuSeiYou.

- 把这个收了吧。

  이것을 치워 주세요.
  YiGaotR QiWo JuSeiYou.

- 我点的菜还没上。

  주문한 요리가 안 나왔어요.
  ZhuMenHan YouLiGa An NaWatAoyou.

- 这不是我点的菜。

  주문한 요리가 아니에요.
  ZhuMenHan YouLiGa ANiYeYou.

- 这个菜没熟透。
  요리가 덜 익었어요.
  YouLiGa Daor YikAotAoYou.

- 这道菜有点烤过了。
  요리가 너무 구워졌어요.
  YouLiGa NaoMu GuoWoJyaotAoYou.

- 这个帮我热一下。
  이것을 데워 주세요.
  YiGaotR DeiWo JuSeiYou.

- 这里面有脏东西。
  여기에 이물질이 들어 있어요.
  YaoGiEi YiMurJirYi DerAoGaSaoYou.

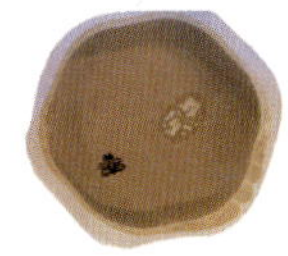

- 请把剩下的打包。
  남은 음식을 싸 주세요.
  NamEn EmSikR Sha JuSeiYou.

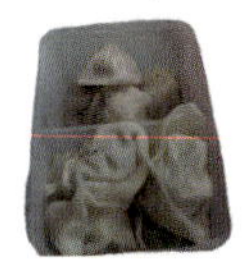

买单

- 买单。
  계산해 주세요.
  GyeSanHai JuSeiYou.

- 多少钱?
  얼마예요?
  AorMaYeYou?

- 我来付。
  제가 낼게요.
  JeiGa NairGeiYou.

- 各付各的。
  따로따로 계산할게요.
  DaLouDalou GyeSan HarGeiYou.

- 结算错了。
  계산이 잘못됐어요.
  GyeSanYi JalMotDwaitAoYou.

- 这是小费。
  이것은 팁이에요.
  YiGaotEn TibYiEiYou.

核心生词

焯 데치다 DeiQiDa	烹 삶다 SamDa	油炸 튀기다 TwiGiDa	汤 탕, 찌개 Tang, ZhiGai	蒸 찌다 ZhiDa	拌 무치다 MuChiDa
炒 볶다 BokDa	煎 부치다 BuQiDa	熏 훈제 HunJei	炖 끓이다 GeLiDa	烤 / 火烤 굽다 / 직접 불에 굽다 GubDa / JikJaob BurEi GubDa	

Unit 03. 在酒店

酒类

马格利酒 막걸리 MakGaorLi		冬冬酒 동동주 DongDongZhu	
烧 酒 소주 SouZhu		白霞酒 백하주 BaiHaZhu	
文杯酒 문배주 MenBaiZhu		水果酒 과실주 GwaSirZhu	
覆盆子酒 복분자술 BokBunJaSur		梅子酒 매실주 MaiXirZhu	
威士忌 위스키 WiSeKi		清酒 청주 ChengZhu	
葡萄酒 와인(레드 와인 / 화이트 와인) WaYin(LeiDe WaYin / HwaYiTe WaYin)		洋酒 양주 YangZhu	
鸡尾酒 칵테일 KakTeiYir		啤酒 맥주 MaikZhu	

- 干杯!
  건배!
  GaonBai!

- 再来一杯。
  한 잔 더 주세요.
  Han Zhan Dao JuSeiYou.

- 再来一瓶。
  한 병 더 주세요.
  Han Byaong Dao JuSeiYou.

- 这酒多少度啊?
  이 술은 몇 도인가요?
  Yi SurEn Myaot DouYinGaYou?

- 请给我下酒菜。
  안주를 주세요.
  AnZhuR JuSeiYou.

Unit 04. 在快餐店

菜单

汉堡 햄버거 HaimBaoGao 	薯条 포테이토 PoTeiYiTou 	比萨 피자 PiZha 
炸鸡块 후라이드 치킨 HuLaYiDe QiKin 	蛋挞 에그타르트 EiGeTaLeTe 	热狗 핫도그 HatDouGe 
冰淇淋 아이스크림 AISeKeLim 	甜甜圈 도너츠 DouNeChi 	三明治 샌드위치 SainDeWiQi 
咖啡 커피 KaoPi 	果汁 주스 ZhuSe 	可乐 콜라 KorLa 
雪碧 사이다 SaYiDa 	牛奶 우유 WuYou 	乌龙茶 우롱차 WuLongCha 
套餐 세트 메뉴 SeiTe MeiNyou 	盖饭 덮밥 DaobBab 	红茶 홍차 HongCha 
鸡腿 닭다리 DakDaLi 	沙拉 샐러드 SairLaoDe 	汤 스프 SePe 

面包 빵 Bang		盒饭 밥 세트 Bab SeiTe		蛋糕 케이크 KeiYiKe	
蛋黄酱 마요네즈 MaYouNeiZhi		番茄酱 케첩 KeiChaob		烤面包 토스트 TouSeTe	

▶ 是否带走

A: 要在这吃还是带走?
여기에서 드시겠어요, 가지고 갈 거예요?
YaoGiEiSao DeXiGaiSaoYou, GaJiGou Gar GaoYeYou?

B: 在这吃。
여기에서 먹을게요.
YaoGiEiSao MaokErGeiYou.

带走。
가지고 갈게요.
GaJiGou GarGeiYou.

Unit 01. 在酒店内的观光问事处, 接待处

固定句式

请推荐[预约 / 购买]一下 观光路线 。
관광 코스 를 추천해 [예약해 / 구매해] 주세요.
(GuanGuangKouSe)R ChuChenHai
(YeYakHai / GuoMaiHai) JuSeiYou.

观光导游

值得观光的景点 관광할 만한 곳 GuanGuangHar ManHan Got	住处 숙소 SukSou	观光路线 관광 코스 GuanGuang KouSe
火车票 열차표 YaorChaPyou	飞机票 비행기표 BiHaingGiPyou	巴士票 버스표 BaoSePyou

核心句子

- 手续费是多少？
  수수료가 얼마예요?
  SuoSuoLyouGa AorMaYeYou?

- 请给我叫出租车。
  택시를 불러 주세요.
  TaikXiR BurLao JuSeiYou.

- 请接收明信片(信/包裹)。
  엽서(편지 / 소포)를 받아 주세요.
  YaobSao(PyaonJi / SouPo)R BaA JuSeiYou.

- 请把明信片(信/包裹)寄到中国。
  엽서(편지 / 소포)를 중국으로 보내 주세요.
  YaobSao(PyaonJi / SouPo)R ChungGukELou BoNai JuSeiYou.

- 请接收包裹。
  소포를 받아 주세요.
  SoPoR BaA JuSeiYou.

- 等电话。
  전화를 기다려요.
  JaonHwaR GiDaLyaoYou.

- 请接一下电话。
  전화를 받아 주세요.
  JaonHwaR BaA JuSeiYou.

- 我的名字是(明明)。
  제 이름은 (밍밍)입니다.
  Jei YiLemEn (MingMing) YinMiDa.

- 我的房间号是235号。
  제 방 번호는 235호입니다.
  Jei Bang BaonHouNen YiBaikSamSibOHouYinMiDa.

请介绍 交通方便的 宾馆。
교통이 편리한 호텔을 소개해 주세요.
(GyouTongYi PyaonLiHan) HouTerR SouGaiHai JuSeiYou.

正在找 国际青年旅舍 。
유스호스텔 을 찾고 있습니다.
(YouSeGouSeTer)R ChaGou YiSibMiDa.

关于住宿

交通方便的 교통이 편리한 GyouTongYi PyaonLiHan	**设施好的** 시설이 좋은 XiSaorYi ZhoEn	**视野好的** 전망이 좋은 JaonMangYi ZhoEn
便宜的 저렴한 JaoLyaomHan	**安静的** 조용한 ZhoYongHan	**在市内的** 시내에 있는 XiNaiEi YinNen

宾馆(酒店 / 饭店) 호텔 HouTer		**野营** 캠핑 부지 KaimPing BuJi	
汽车旅馆 모텔 MoTer		**小型家庭旅馆** 게스트하우스 GeiSeTeHaWuSe	
国际青年旅馆 유스호스텔 WuSeHouSeTer		**民宿** 민박 MinBak	
旅馆 여관 YaoGuan		**别墅** 펜션 PeinSyaon	

酒店房间种类

单人间
싱글룸
XingGerLum

标准间
더블룸
DaoBerLum

双人间
트윈룸
TeWinLum

多人间(3人间, 4人间)
다인실(삼인실, 사인실)
DaYinXir(SamYinXir, SaYinXir)

豪华间
스위트 룸
SeWiTeLum

有卫生间的房间
화장실 딸린 방
HwaZhangXir Darlin Bang

有空调的房间
에어컨 있는 방
EiAoKaon YinNen Bang

公用卫生间, 公用浴室(普通间)
공동 화장실, 공동 샤워실
GongDong HwaZhangXir, GongDong SyaWoXir

▶ 订酒店

A: 要预订宾馆。
호텔을 예약하려고요.
HoTerR YeYakHaLyaoGouYou.

B: 要待几天?
며칠이나 머무르실 건가요?
MyaoQirYiNa MaoMuLeXir GaonGaYou?

A: 我预约(5月1日)入住(5月4日)退房。
(5월 1일) 체크인해서 (5월 4일) 체크아웃할 거예요.
(OWor YirYir) CheiKeInHaiSao (OWor SaYir)
CheiKeAWutHal GeoYeYo.

B: 你想要什么房间？
어떤 방을 원하세요?
AoDaon BangR WenHaSeiYou?

A: 想要(单人间)。
(싱글룸)을 원합니다.
(XingGerLum)R WenHabMiDa.

B: 请问一共几位？
몇 분이세요?
Myaot BunYiSeiYou?

A: 两个人。
두 명입니다.
Duo MyaongYinMiDa.

B: 我帮您预定, 请告诉我您的名字和电话号码。
예약을 도와 드릴게요. 성함과 연락처를 말씀해 주세요.
YeYakR DouWa DeLirGeiYou. SaongHamGwa YaonLakChaoR
MarSemHai JuSeiYou.

A: 我的名字是张明明, 我的电话号码是: 123-456-789。
제 이름은 장 밍밍이고, 연락처는 123–456–789입니다.
Jei YiLemEn Zhang MingMingYiGou, YaonLakCheNen YirYiSam-
SaOYouk-QirParGu YinMiDa.

B: 好的, 已经为您预订好了。
네, 예약되었습니다.
Nei, YeYakDwiAotSemMiDa.

A: 预订了么？
예약하셨나요?
YeYakHaSyaotNaYou?

B: 预订了。
예약했습니다.
YaYakHaiSemMiDa.

我的名字是(明明)。
제 이름은 (밍밍)입니다.
Jei YiLemEn (MingMing)YinMiDa.

这是酒店的预订单。
확인서 여기에 있습니다.
HwakYinSao YaoGiEi YiSibMiDa.

我没有预订。有空房吗？
예약을 안 했어요. 빈방 있나요?
YeYakR An HaitAoYou. Bin Bang YinNaYou?

A: 想要什么房间？
어떤 방을 원하세요?
AoDaon BangR WenHaSeiYou?

B: 想要(双人间)。
(트윈룸)을 원합니다.
(TeWinLum)R WenHamMiDa.

押金是多少钱？
보증금은 얼마인가요?
BoZhengGemEn AorMaYinGaYou?

A: 押金是(一万元)钱。
보증금은 (10,000원)입니다.
BoZhengGemEn (ManWen) YinMiDa.

请出示您的护照。
여권을 보여 주세요.
YaoGwonR BoYao JuSeiYou.

B: 给您护照在这里。
여권, 여기에 있어요.
YaoGwon, YaoGiEi YiSaoYou.

A: 请填写住宿登记表。
숙박신고서를 작성해 주세요.
SukBakXinGouSaoR JakSaongHai JuSeiYou.

<table>
<tr><td colspan="4">

核心生词

</td></tr>
<tr>
<td>护照号码
여권 번호
YaoGwon BaoHou</td>
<td>签证号码
비자 번호
BiJa BaoHou</td>
<td>旅行目的
여행 목적
YaoHaing MokJaok</td>
<td>姓名
이름
YiLem</td>
</tr>
</table>

核心句子

看房间

- **请给我看下客房。**
  객실을 보여 주세요.
  GaikXirR BoYao JuSeiYou.

- **浴室在哪里？**
  욕실이 어디인가요?
  YokXirYi AoDiYinGaYou?

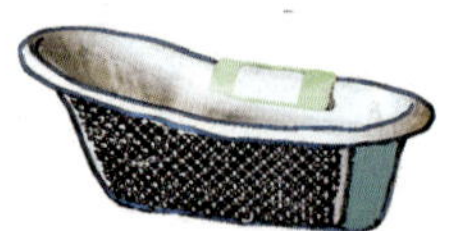

- 卫生间在哪里?
  화장실이 어디인가요?
  HwaZhangXirYi AoDiYinGaYou?

- 有热水吗?
  뜨거운 물이 나오나요?
  DeGaoWun MurYi NaONaYou?

- 马桶里的水流通畅吗?
  변기에 물이 내려가나요?
  ByaonGiEi MurYi NaiLyaoGaNaYou?

- 有电视吗?
  TV가 나오나요?
  TiBiGa NaONaYou?

- 空调(暖器)好用吗?
  에어컨(난방기)은 작동되나요?
  EiAoKaon(NanBangGi)Nen ZhakDongDwiNaYou?

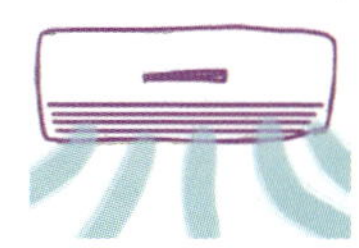

- 有早饭吗?
  아침 식사는 나오나요?
  AChim SikSaNen NaONaYou?

- 网络可以用吗?
  인터넷을 사용할 수 있나요?
  YinTeNeitR SayongHar Su YinNaYou?

- **住一天多少钱？**
  하루 묵는 데 얼마인가요?
  HaLu MukNen Dei AorMaYinGaYou?

- **这是包括服务费和税的费用吗？**
  봉사료와 세금이 포함된 가격인가요?
  BongSaLyouWa SeiGemYi PoHamDwin GaGyaokYinGaYou?

- **便宜点。**
  깎아 주세요.
  GakA JuSeiYou.

- **能带我看更便宜的房间吗？**
  더 싼 방을 보여 주실 수 있나요?
  Dao San BangR BoYao JuXir Su YinNaYou?

- **我不喜欢这个房间。**
  이 방은 마음에 안 들어요.
  Yi BangEn MaEmEi An DerAoYou.

- **要这个房间了。**
  이 방으로 할게요.
  Yi BangELou HarGeiYou.

- **保证金是多少？**
  보증금이 얼마인가요?
  BoZhengGemYi AorMaYinGaYou?

- 请给我收据。

영수증을 주세요.

YaongSuZhengR JuSeiYou.

结账后的要求和提问

- 请帮我保管行李。

짐을 보관해 주세요.

JimR BoGuanHai JuSeiYou.

- 请把行李移到房间。

짐을 방까지 옮겨 주세요.

JimR BangGaJi OumGyao JuSeiYou.

- 麻烦介绍一下。

안내를 부탁드릴게요.

AnNaiR BuTakDelirGeiYou.

- 早饭从几点开始到几点结束？

아침 식사는 몇 시부터 몇 시까지인가요?

AChim SikSaNen Myaot XiBuTe Myaot XiGaJi YinGaYou?

- 早饭在哪里吃？

아침 식사는 어디에서 하나요?

AChim SikSaNen AoDiEiSao HaNaYou?

- 请给我餐券。

식권을 주세요.

SikGwonR JuSeiYou.

- 退房是几点？

  체크아웃은 몇 시인가요?
  CheiKeAWutEn Myaot XiYinGaYou?

登记的问题

- 好像要迟到了。

  늦게 도착할 거 같네요.
  NekGei DouChakHar Gao GaNeiYou.

- 请不要取消预订。

  예약을 취소하지 마세요.
  YeYakR QuSouHaJi MaSeiYou.

- 请给我换房间。

  방을 바꿔 주세요.
  BangR BaGwo JuSeiYou.

Unit 03. 房间服务

请拿 水 过来。
물 을 갖다 주세요.
(Mur)R GatDa JuSeiYou.

房间服务 - 餐饮

水 물 Mur		咖啡 커피 KePi	
香槟 샴페인 SamPeiYin		红酒 와인 WaYin	
冰 얼음 AorEm		饭菜 식사 SikSa	

请提供 叫醒服务 。
모닝콜 을 해 주세요.
(MoNingKor)R Hai JuSeiYou.

房间服务 - 其它

叫醒 모닝콜 MoNingKor		洗衣服 / 熨衣服 / 干洗 세탁 / 다림질 / 드라이크리닝 SeiTak / DaLimJir / DeLaYiKeliNing	

<table>
<tr><td>清扫房间
방 청소
BangChengSou</td><td></td><td>餐厅预定
식당 예약
XikDang YeYak</td></tr>
</table>

▶ 要求客房服务的时候

A: 二十二号房。
22호실입니다.
YiSibYiHouXirYinMiDa.

请帮我叫客房服务。
룸서비스를 부탁드려요.
LumSaoBiSeR BuTakDeLyaoYou.

B: 好的。
네.
Nei.

A: 谁?
누구세요?
NuoGuoSeiYou?

B: 客房服务。
룸서비스입니다.
LumSaoBiSeYinMiDa.

A: 请稍等。
기다리세요.
GiDaLiSeiYou.

请进。
들어오세요.
DerAoOSeiYou.

这是小费。
팁입니다.
TibYinMiDa.

Unit 04. 房间问题

冰箱 坏了。
냉장고 가 고장 났어요.
(NaingZhangGou)Ga GouZhang NaSaoYou.

请给我 毛毯 。
담요 를 갖다 주세요.
(DamYou)R GaDa JuSeiYou.

床 很脏。
침대 가 더러워요.
(QimDai)Ga DaoLaoWoYou.

客厅

房间 방 Bang 	电话 전화 JaonHwa 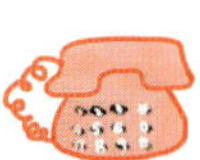	电视 텔레비전 TerLeiBiJaon 
遥控器 리모컨 LiMoKaon 	录像机 비디오 BiDiO 	冰箱 냉장고 NaingZhangGou 
空调 에어컨 EiAoKaon 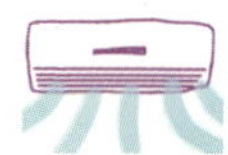	暖器 난방기 NanBangGi 	电灯 전등 JaonDeng 
床 침대 QimDai 	枕头 베개 BeiGai 	毛毯 담요 DamYou 
床单 시트 XiTe 	沙发 소파 SouFa 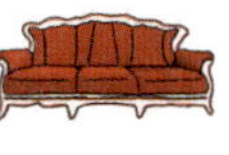	桌子 테이블 TeiYiBer 
窗帘 커튼 KaoTen 	纸巾 티슈 TiShu 	吹风机 헤어드라이어 HeiAoDeLaYiAo 
换气扇 환풍기 HwanPwungGi 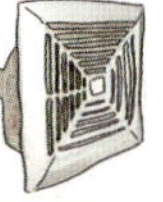	迷你吧 미니바 MiNiBa 	

浴盆

马桶 변기 ByaonGi		水龙头 수도꼭지 SuoDouGoukJi		窗户 창문 ChangMen	
淋浴器 샤워기 ShaWoGi		手纸 휴지 HuoJi		洗发露 샴푸 SyamPu	
香皂 비누 BiNuo		沐浴液 샤워젤 ShaWoJeir		牙刷 칫솔 QitSour	
牙膏 치약 QiYak		浴池 욕조 YoukZhou		洗脸池 세면대 SeiMyaonDai	
镜子 거울 GaoWur		毛巾 수건 SuGaon			

核心句子

- 门打不开。
  문이 열리지 않아요.
  MenYi YaorliJi AnAYou.

- 钥匙丢了。
  열쇠를 잃어버렸어요.
  YaorSwiR YiLyaoBaoLyaoAoYou.

- 钥匙落在房间里了。
  열쇠를 방 안에 두고 왔어요.
  YaorSwiR Bang AnEi DuoGou WatSaoYou.

- 把房间号码忘了。
  방 번호를 잊어버렸어요.
  Bang BaonHouR YiLyaoBaoLyaotAoYou.

- 马桶堵住了。
  변기가 막혔어요.
  ByaonGiGa MakHyaotAoYou.

- 请修一下马桶。
  변기를 고쳐 주세요.
  ByaonGiR GouChe JuSeiYou.

- 没有热水。
  뜨거운 물이 안 나와요.
  DeGaoWun MurYi An NaWaYou.

- 洗脸池漏水了。
  세면대 물이 샙니다.
  SeiMyaonDai MurYi SaibMiDa.

- 请再打扫一遍浴室。
  욕실 청소를 다시 해 주세요.
  YoukXir ChengSouR DaXi hai JuSeiYou.

- 电灯坏了。

  전등이 나갔어요.

  ZhenDengYi NaGaSaoYou.

- 请勿打扰。

  방해하지 마세요. (Do not disturb)

  BangHaiHaJi MaSeiYou.

- 请打扫房间。

  방을 청소해 주세요. (Please make up)

  BangR ChengSouHai JuSeiYou.

- 周围很吵。

  주위가 시끄러워요.

  ZhuWiGa XiGeLaoWoYou.

- 请过来一下。

  잠깐 와 주세요.

  JanGan Wa JuSeiYou.

Unit 05. 辅助设备

辅助设备

健身房 헬스클럽 HeirSe KerLaob 	营业中心 비즈니스센터 BiJiNiSe SeinTao 	商店 상점 SangJaom 
桑拿 사우나 SaWuNa 	游泳馆 수영장 SuoYaongZhang 	餐厅 식당 XikDang 
按摩的地方 안마하는 곳 AnMahaNen Got 	邮局 우체국 WuCheiGuk 	银行 은행 EnHaing 
美容院 에스테딕샵 EiSeTeiDikShab 	理发店 이발소 YiBarSou 	咖啡店 커피숍 KePiShoub 

Chapter 06

核心句子

- **传真(复印，打印)一页多少钱？**
  팩스(복사, 출력) 한 장에 얼마예요?
  PaikSe(BokSa, ChurLyaok) Han ZhangEi AorMaYeYou?

- **请帮我把头发剪短。**
  머리를 짧게 잘라 주세요.
  MaoLiR ZarGei Jarla JuSeiYou.

- **请帮我烫个头发。**
  머리를 파마해 주세요.
  MaoLiR PaMaHai JuSeiYou.

- **我要全身按摩。**
  전신 안마를 해 주세요.
  JaonXin AnMaR Hai JuSeiYou.

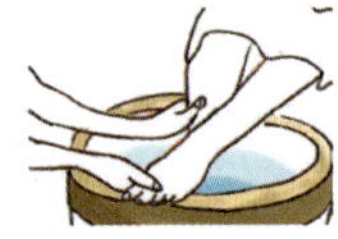

- **我要足底按摩。**
  발 마사지를 해 주세요.
  Bar MaSaJiR Hai JuSeiYou.

Unit 06. 退房

附加费用 추가요금 ChuGaYouGem	费用 요금 YouGem

核心句子

- 几点退房?

  체크아웃은 몇 시인가요?

  CheiKeAWutEn Myaot XiYinGaYou?

- 想多住一天。

  하룻밤 더 묵고 싶어요.

  HaLuotBam Dao MukGou SibAoYou.

- 想提前一天退房。

  하루 일찍 떠나고 싶어요.

  HaLuo YirJik DaoNaGou SibAoYou.

- 请给我退房。

  체크아웃해 주세요.

  CheiKeAWut Hai JuSeiYou.

- 这是保证金单据。

  이것은 보증금 증서입니다.

  YiGaotEn BoZhengGem ZhengSaoYinMiDa.

- 请随身携带贵重物品。

  귀중품을 꺼내 주세요.

  GwiChungPumR GaoNai JuSeiYou.

- 出发前请替我保管行李。

  출발할 때까지 짐을 맡아 주세요.

  ChurBarHar DaiGaJi JimR MatA JuSeiYou.

- 把东西落在房间里了。

  방에 물건을 두고 나왔어요.

  BangEi MurGaonR DuoGou NaWatAoYou.

- 请返还保证金。

  보증금을 돌려주세요.

  BoZhengGemR DorLyaoJuSeiYou.

- 好像算错帐了。

  계산이 잘못된 것 같아요.

  GyeSanYi JarMotDwin Gaot GaTaYou.

- 多少钱？

  얼마예요?

  AorMaYeYou?

■ 请帮我叫出租车。

택시를 불러 주세요.

TaikXiR BurLao JuSeiYou.

■ 请把收据给我。

영수증을 주세요.

YaongSuZhengR JuSeiYou.

Unit 01. 打招呼

❶ 见面和分开的时候

固定句式

明明, 你好 。
밍밍, 안녕하세요 .
MingMing, (AnNyaongHaSeiYou).

见面的时候

你好。 안녕하세요. AnNyaongHaSeiYou.		早上好。 안녕하세요. AnNyaongHaSeiYou.	
中午好。 안녕하세요. AnNyaongHaSeiYou.		下午好。 안녕하세요. AnNyaongHaSeiYou.	
初次见面。 처음 뵙겠습니다. CheEm BwibGeitSemMiDa.		请多多关照。 잘 부탁드립니다. Jar BuTakDeLibMiDa.	
你过得好吗? 잘 지냈어요? Jar JiNaitAoYou?		见到你很高兴。 만나서 반가워요. MaNaSao BanGaWoYou.	
真的好久不见了。 정말 오랜만이에요. ZhengMar OLainManYiEiYou.		久仰大名。 말씀 많이 들었어요. MarSem MaNi DerAotSaoYou.	

你怎么来这里了!
어쩐 일로 여기 오셨어요!
AoZaon YirLou YaoGi
OSyaotNaYou!

哎呦, 你是(明明)吧!
어머, (밍밍) 씨죠!
AoMao,
(MingMing) XiZhou!

嘘寒问暖

你过得怎么样?
어떻게 지내셨어요?
AoDaotGei
JiNaiSyaotSaoYou?

身体都还好吧?
다들 건강하시죠?
DaDer
GaonGangHaXiZhou?

是, 过得很好。 / 每天都一样。
네, 잘 지내요. / 늘 그래요.
Nei, Jar JiNaiYou. / Ner GeLaiYou.

分开的时候

请慢走。
안녕히 가세요.
AnNyaongHi GaSeiYou.

保持联络。
종종 연락해요.
ZhognZhong
YaonLakHaiYou.

再见。
또 만나요.
Dou ManNaYou.

这次见到了你很高兴。
만나서 반가웠어요.
ManNaSao
BanGaWotAoYou.

❷ 祝贺

生日 快乐。
생일 을 축하합니다.
(SaingYir)R ChukHaHamMiDa.

恭喜 合格 。
합격 을 축하합니다.
(HabGyaok)R ChukHaHamMiDa.

生日
생일
SaingYir

结婚
결혼
GyaorHoun

合格
합격
HabGyaok

升迁
승진
SengJin

毕业
졸업
ZhorAob

❸ 称赞

明明, 真帅 !
밍밍, 멋져요 ↗
MingMing, (MaotZhaoYou)!

真帅!
멋져요!
MaotZhaoYou!

了不起!
훌륭해요!
HurLyoung
HaiYou!

太棒了!
굉장해요!
GwiZhang
HaiYou!

很厉害! 대단해요! DaiDanHaiYou! 	很可爱! 귀여워요! GwiYaoWoYou! 	很漂亮! 예뻐요! YeBaoYou! 
很美丽! 아름다워요! ALem DaWoYou! 	最棒了! 최고예요! ChwiGouYeYou! 	真的做得很好! 참 잘했어요! Cham JarHaitSaoYou! 

❹ 祝福

节日快乐 。

명절 잘 보내세요 .

MyaongZher Jar BoNaiSeiYou.

新年快乐。
새해 복 많이 받으세요.
SaiHai Bok MaNi BaESeiYou.

圣诞节快乐。
즐거운 크리스마스 되세요.
ZherGaoWun
KeLiSeMaSe DwiSeiYou.

祝你好运。
행운을 빌어요.
HaingWunR BirAoYou.

核心句子

祝贺

- 祝贺你(毕业)了。

  (졸업) 축하해요.

  (ZhourAob) ChukHaHaiYou.

- 金榜题名 / 恭祝金榜题名。
  시험합격을 축하합니다.
  XiHaomHabGyaokR CHukHaHabMiDa.

感谢

- 感谢你。
  감사합니다.
  GamSaHabNiDa.

- 谢谢你。
  고맙습니다.
  GouMabSemMiDa.

- 能够帮助你很高兴。
  도움이 되었다니 기쁩니다.
  DouWumYi DwiAotDaNi GiBemMiDa.

抱歉

- 抱歉。
  죄송합니다.
  ZhwiSongHamMiDa.

- 对不起。
  미안합니다.
  MiAnHamMiDa .

278

- 失礼了。
  실례했습니다.
  XirLyaoHaitSemMiDa.

- 没关系。
  괜찮아요.
  GwaiChanAYou.

欢迎

- 欢迎欢迎!
  환영합니다!
  HwanYaongHamMiDa!

▶ 打招呼

A: 你好。
안녕하세요.
AnNyaongHaSeiYou.

B: 你好, (过得好吗)?
안녕하세요, (잘 지내셨어요)?
AnNyaongHaSeiYou, (Jar JiNaiSyaotAoYou)?

A: 是, 过得挺好, 你这是去哪里?
네, 잘 지냈어요. 어디 가시는 길이세요?
Nei, Jar JiNaitAoYou. AoDi GaXiNen GirYiSeiYou?

B: 我有点事情稍微出去一下。
잠시 일이 있어서 나가는 길이에요.
JamXi YirYi YiSaoSao NaGaNen GirYiYeYou.

A: 好的。那么，下次见。

그러시군요. 그럼, 다음에 또 뵐게요.

GeLaoXiGenYou. GeLaom DaEmEi Dou BwirGeiYou.

B: 见到你很高兴。

만나서 반가웠어요.

ManNaSao BanGaWotAoYou.

A: 请慢走。

잘 가세요.

Jar GaSeiYou.

Unit 02. 介绍自己

❶ 属相

我属 鼠 。
저는 쥐 띠입니다.
JaoNen (Jwi) DiYinMiDa.

属相

鼠 쥐 Jwi	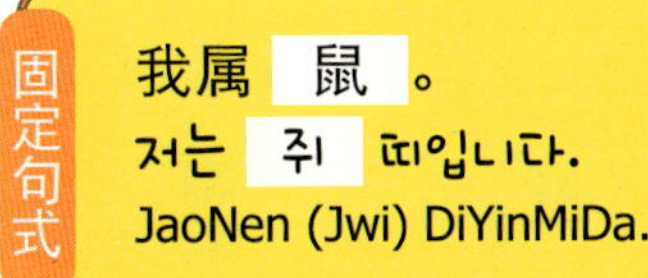	牛 소 Sou		虎 호랑이 HouLangYi	
兔 토끼 TouGi		龙 용 Yong		蛇 뱀 Baim	
马 말 Mar		羊 양 Yang		猴 원숭이 WenSungYi	
鸡 닭 Dak		狗 개 Gai		猪 돼지 DwaiJi	

❷ 职业

我的职业是 护士 。
제 직업은 간호사 입니다.
Jei JikAobEn (GanHouSa) YinMiDa.

护士 간호사 GanHouSa 	药剂师 약사 YakSa 	医生 의사 EyiSa 
导游 가이드 GaYiDe 	老师 / 教师 선생님 / 교사 SaonSaingNim / GyouSa 	教授 교수 GyouSu 
歌手 가수 GaSu 	音乐家 음악가 EmAkGa 	画家 화가 HwaGa 
消防员 소방관 SouBangGuan 	警察 경찰관 GyaongCharGuan 	公务员 공무원 GongMuWen 
厨师 요리사 YouLiSa 	设计师 디자이너 DiZhaYiNao 	乘务员 승무원 SengMuWen 
审判员 판사 PanSa 	检察官 검사 GaomSa 	律师 변호사 ByaonHouSa 
商人 사업가 SaAobGa 	公司职员 회사원 HwiSaWen 	学生 학생 HakSaing 
司机 운전기사 WunJaonGiSa 	农民 농부 NongBu 	家庭主妇 가정주부 GaZhengZhuBu 
作家 작가 JakGa 	政治家 정치가 ZhengQiGa 	推销员 세일즈맨 SeiYirZhiMain 

美容师 미용사 MiYongSa		军人 군인 GunYin		银行职员 은행원 EnHaingWen	
工程师 엔지니어 EinJiNiAo		翻译 통역원 TongYaokWen		秘书 비서 BiSao	

❸ 星座

星座

白羊座 양자리 YangJaLi		金牛座 황소자리 HwangSouJaLi		双子座 쌍둥이자리 SangDungYiJaLi	
巨蟹座 게자리 GeiJaLi		狮子座 사자자리 SaJaJaLi		处女座 처녀자리 CheNyaoJaLi	
天枰座 천칭자리 ChaonJingJaLi		天蝎座 전갈자리 ZhenGarJaLi		射手座 사수자리 SaSuoJaLi	
摩羯座 염소자리 YaomSouJaLi		水瓶座 물병자리 MurByaongJaLi		双鱼座 물고기자리 MurGouGiJaLi	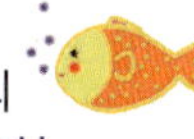

❹ 血型

我的血型是 B型 。
제 혈액형은 B형 입니다.
Jei HyaorAikHyaongEn (BiHyaong) YinMiDa.

血型

A型 A형 EiHyaong		B型 B형 BiHyaong	
O型 O형 OuHyaong		AB型 AB형 EiBiHyaong	

▶ **介绍自己**

A: 你叫什么名字?
이름이 어떻게 되세요?
YiLemYi AoDaotGei DwiSeiYou?

B: 我叫(明明)。
제 이름은 (밍밍)입니다.
Jei YiLemEn (MingMing)YinMiDa.

这是我的名片。
제 명함입니다.
Jei MyaongHamYinMiDa.

A: 你多大了?
몇 살이에요?
Myaot SarYiEiYou?

B: 我今年(二十)岁。
저는 (20)살입니다.
JaoNen (SeMu)SarYinMiDa.

A: 你的职业是什么?
당신의 직업은 무엇입니까?
DangXinEyi JikAobEn MuAotYimMiKa?

B: 我的职业是(护士)。
제 직업은 (간호사)입니다.
Jei JikAobEn (GanHouSa)YinMiDa.

A: 你的血型是什么?
혈액형이 뭐예요?
HyaorAikHyaongYi MoYaYou?

B: 我的血型是(B型)。
저는 (B)형입니다.
JaoNen (Bi)HyaongYinMiDa.

A: 你的星座是什么?
별자리가 어떻게 되세요?
ByaorJaLiGa AoDaotGei DwiSeiYou?

B: 我的星座是(白羊座)。
제 별자리는 (양자리)입니다.
Jei ByaorJaLiNen (YangJaLi)YinMiDa.

A: 你的属相是什么?
무슨 띠예요?
MuSen DiYeYou?

B: 我是属(鼠)的。
저는 (쥐)띠예요.
JaoNen (Jwi)DiYeYou.

A: 你是从哪个国家来的？
어느 나라에서 왔어요?
AoNe NaLaEiSao WatSaoYou?

B: 我是从(中国)来的。
저는 (중국)에서 왔습니다.
JaoNen (ChungGuk)EiSao WatSemMiDa.

A: 你的故乡是哪里？
고향이 어디세요?
GouHyangYi AoDiSeiYou?

B: 我的故乡是(北京)。
제 고향은 (북경)입니다.
Jei GouHyangEn (BukGyaong)YinMiDa.

A: 你是在哪里长大的？
어디서 자라셨어요?
AoDiSao JaLaSyaotAoYou?

B: 我在(北京)出生, 在(上海)长大。
(북경)에서 태어나, (상해)에서 자랐습니다.
(BukGyaong)EiSao TaiAoNa, (SangHai)EiSao JaLatSemMiDa.

A: 现在你住在哪里？
지금 어디에서 살고 계세요?
JiGem AoDiEiSao SarGou GyeSeiYou?

B: 我现在住在(大连)。
지금은 (대련)에서 살고 있어요.
JiDemEn (DaiLyaon)EiSao SarGou YiSaoYou.

❺ 动物

动物

鹿 사슴 SaSem	猫 고양이 GouYangYi	熊猫 팬더, 판다 PainDa, PanDa
狮子 사자 SaJa	长颈鹿 기린 GiLin	熊 곰 Goum
松鼠 다람쥐 DaLamJwi	骆驼 낙타 NakTa	山羊 염소 YaomSou
豹子 표범 PoBaom	狐狸 여우 YaoWu	狼 늑대 NekDai
鳄鱼 악어 AkAo	蜥蜴 도마뱀 DoMaBaim	青蛙 개구리 GaiGuoLi
乌龟 거북이 GaoBukYi	大雁 기러기 GiLaoGi	鹦鹉 앵무새 AingMuSai
雕 독수리 DokSuoLi	鸭子 오리 OLi	蜘蛛 거미 GaoMi

蚯蚓 지렁이 JiLaongYi	瓢虫 무당벌레 MuDangBaorLei	蚂蚁 개미 GaiMi
萤火虫 반딧불 BanDitBur	螳螂 사마귀 SaMaGwi	苍蝇 파리 FaLi
蚊子 모기 MoGi	蜻蜓 잠자리 JamJaLi	蟑螂 바퀴벌레 BaKwiBaorLei
蝴蝶 나비 NaBi	蝉 매미 MaiMi	泥鳅 미꾸라지 / 추어 MiGuoLaJi / ChuAo
龙虾 가재 GaJai	贝壳 조개 ZhoGai	海星 불가사리 BurGaSaLi
鲍鱼 전복 JaonBok	鱿鱼 오징어 OJingAo	章鱼 문어 MenAo
鲤鱼 잉어 YingAo	鲫鱼 붕어 BungAo	鲇鱼 메기 MeiGi
虾 새우 SaiWu	鲸 고래 GouLai	鲨鱼 상어 SangAo
河豚 복어 BokAo	鹤 학 Hak	龙 용 Yong

<table>
<tr>
<td>

麻雀
참새
ChamSai

</td>
<td>

小熊猫
레드판다
LeiDePanDa

</td>
<td>

企鹅
펭귄
PeingGwin

</td>
</tr>
<tr>
<td>

大象
코끼리
KoGiLi

</td>
<td>

蝗虫
메뚜기
MeiDuGi

</td>
<td>

金丝猴
들창코 원숭이
DerChangKo
WenSungYi

</td>
</tr>
<tr>
<td>

蝙蝠
박쥐
BakJwi

</td>
<td>

犀牛
코뿔소
KoBurSou

</td>
<td>

狗
개
Gai

</td>
</tr>
</table>

▶ **问喜欢动物的时候**

A: 你喜欢什么动物?
어떤 동물을 좋아하세요?
AoDaon DongMurR ZhoAHaSeiYou?

B: 我喜欢(鹿)。
저는 (사슴)을 좋아해요.
JaoNen (SaSem)R ZhoAHaiYou.

❻ 爱好

我喜欢 电影欣赏 。
저는 영화감상 을 좋아해요.
JaoNen (YaongHwaGamSang)R ZhoAHaiYou.

我不喜欢 音乐欣赏 。
저는 음악감상 을 싫어해요.
JaoNen (EmAkGamSang)R XiLyaoHaiYou.

爱好

电影欣赏 영화감상 YaongHwaGamSang 	音乐欣赏 음악감상 EmAkGamSang 	旅游 여행 YaoHaing 
读书 독서 DokSao 	跳舞 춤추기 ChumChuGi 	唱歌 노래 부르기 NouLai BuReGi 
运动 운동 WunDong 	登山 등산 DengSan 	潜水 스쿠버다이빙 SeKuBao DaYiBing 
演奏乐器 악기 연주 AkGi YaonZhu 	烹饪 요리 YouLi 	摄影 사진 찍기 SaJin JikGi 
园艺 정원 가꾸기 ZhengWen GaGuGi	集邮 우표 수집 WuPyou SuoJib	钓鱼 낚시 NakXi

<table>
<tr><td>

十字绣
십자수
XibJaSuo

</td><td></td><td>

看电视
TV보기
TiBi BoGi

</td><td></td><td>

驾车出游
드라이브
DeLaYiBe

</td><td></td></tr>
<tr><td>

高尔夫
골프
GorPe

</td><td></td><td colspan="2">

混时间
빈둥거리기
BinDungGaoLiGi

</td><td colspan="2"></td></tr>
</table>

▶ 问爱好的时候

A: 你的爱好是什么?
취미가 뭐예요?
QuMiGa MoYeYou?

B: 我喜欢(电影欣赏)。
저는 (영화감상)을 좋아해요.
JaoNen (YaongHwaGamSang)R ZhoAHaiYou.

我不喜欢(音乐欣赏)。
저는 (음악감상)을 싫어해요.
JaoNen (EmAkGamSang)R XiLyaoHaiYou.

A: 你周末做什么?
주말에 뭐하세요?
ZhuMarEi MoHaSeiYou?

B: 我周末一般(看书)。
저는 (독서해요).
JaoNen (DokSaoHaiYou)..

❼ 性格

我是 ⬚开朗的⬚ 性格。
제 성격은 ⬚명랑해요⬚ .
Jei SaongGyaokEn (MyaongLangHaiYou).

他(她)是 ⬚和蔼的⬚ 性格。
그(그녀)의 성격은 ⬚상냥해요⬚ .
Ge(GeNyao)Eyi SaongGyaokEn (SangNyangHaiYou).

固定句式

性格

开朗的 명랑해요 MyaongLangHaiYou		和蔼的 상냥해요 SangNyangHaiYou

亲切的
친절해요
QinJaorHaiYou

堂堂正正的
당당해요
DangDangHaiYou

实实在在的
야무져요
YaMuZheYou

高尚的
고상해요
GouSangHaiYou

慷慨的
통이 커요
TongYi KeYou

有眼力见儿的
눈치가 빨라요
NenQiGa BarLaYou

直率的
솔직해요
SorJikHaiYou

积极的
적극적이에요
JaokGekJaokYiEiYou

社交的
사교적이에요
SaGyouJaokYiEiYou

仔细的
꼼꼼해요
GomGomHaiYou

<table>
<tr>
<td>

马大哈的
덜렁거려요
DerLaongGaoLyaoYou

</td>
<td>

胆小的
겁쟁이에요
GaobJaingYiEiYou

</td>
</tr>
<tr>
<td>

保守的
보수적이에요
BoSuJaokYiEiYou

</td>
<td>

开放的
개방적이에요
GaiBangJaokYiEiYou

</td>
</tr>
<tr>
<td>

厚脸皮的
뻔뻔해요
BenBenHaiYou

</td>
<td>

泼辣的
심술궂어요
XimSurGutAoYou

</td>
</tr>
<tr>
<td>

乐观的
긍정적이에요
GengZhengJaokYiEiYou

</td>
<td>

气盛的
다혈질이에요
DaHyaorJirYiEiYou

</td>
</tr>
<tr>
<td>

冷静的
냉정해요
NaingZhengHaiYou

</td>
<td>

浮夸的
허풍쟁이에요
HaoPungJaingYiEiYou

</td>
</tr>
<tr>
<td>

小心眼的
소심해요
SouXimHaiYou

</td>
<td>

消极的
소극적이에요
SouGekJaokYiEiYou

</td>
</tr>
</table>

▶ 问性格的时候

A: 你是什么样的性格？
성격이 어떠세요?
SaongGyaokYi AoDaoSeiYou?

B: 我是(开朗的)性格。
제 성격은 (명랑해요).
Jei SaongGyaokEn (MyaongLangHaiYou).

他(她)是(和蔼的)性格。
그(그녀)의 성격은 (상냥해요).
Ge(GeNyao)Eyi SaongGyaokEn (SangNyangHaiYou).

❽ 介绍家人

<table><tr><td rowspan="2">固定句式</td><td>

我和 爸爸 ， 妈妈 ， 弟弟 ， 妹妹 一起生活。
저는 아빠 , 엄마 , 남동생 , 여동생 과 함께 살고 있어요.
JaoNen (ABa, AomMa, NamDongSaing, YaoDongSaing) Gwa HamGei SarGou YiSaoYou.

这个人是我的 姐姐 。
이 사람은 저의 누나 예요.
Yi SaLamEn JaoEyi (NuNa) YeYou.

</td></tr></table>

家人

爷爷 친할아버지 QinHarABaoJi		外公 외할아버지 WiHarABaoJi	
奶奶 친할머니 QinHarMaoNi		外婆 외할머니 WiHarMaoNi	
爸爸 아빠 ABa		妈妈 엄마 AomMa	

哥哥 형, 오빠 Hyaong, OBa 	姐姐 누나, 언니 NuoNa, AonNi 
我 나 Na  妹妹 여동생 YaoDongSaing 	弟弟 남동생 NamDongSaing 
丈夫 남편 NamPyaon 	妻子 부인 BuYin 
儿子 아들 AoDer 	女儿 딸 Dar 
儿媳妇 며느리 MyaoNeLi 	女婿 사위 SaWi 
孙子 / 孙女 친손자 / 친손녀 QinSonJa / QingSonNyao 	外孙子 / 外孙女 외손자 / 외손녀 WiSonJa / WiSonNyao 

▶ 介绍家人的时候

A: 你家有几口人？
당신의 가족은 몇 명인가요?
DangXinEyi GaZhokEn Myaot MyaongYinGaYou?

B: 我家有(五)口人。
저의 가족은 (5)명이에요.
JaoEyi GaZhokEn (DaSaot)MyaongYiEiYou.

A: 你现在跟谁一起住?
당신은 누구와 함께 사나요?
DangXinEn NuoGuoWa HamGei SaNaYou?

B: 我和(爸爸), (妈妈), (弟弟), (妹妹)一起生活。
저는 (아빠), (엄마), (남동생), (여동생)과 함께 살고 있어요.
JaoNen (ABa), (EmMa), (NamDongSaing), (YaoDongSaing)
Gwa HamGei SarGou YiSaoYou.

A: 这个人是谁?
이 사람은 누구예요?
Yi SaLamEn NuoGuoYeYou?

B: 这个人是我的(姐姐)。
이 사람은 저의 (누나)예요.
Yi SaLamEn JaoEyi (NuoNa)YeYou.

Unit 03. 行动

❶ 表露感情

我现在感觉很 兴奋 。
저는 지금 흥분했어요 .
JaoNen JiGem (HengBunHaitSaoYou).

感情

爱 사랑해요 SaLangHaiYou		痛快 통쾌해요 TongKwaiHaiYou	
兴奋 흥분했어요 HengBunHaitSaoYou		有意思 재미있어요 JaiMiYiSaoYou	
幸福 행복해요 HaingBokHaiYou		快乐 즐거워요 ZhirGaoWoYou	
好 좋아요 ZhoAYou		高兴 기뻐요 GiBaoYou	
产生力量 힘이 나요 HimYiNaYou		满意 뿌듯해요 BuDetHaiYou	
麻酥酥 짜릿해요 ZaLitHaiYou		感动 감격했어요 GamGyaokHaitAoYou	

不好意思 부끄러워요 BuGeLaoWoYou		为难 난처해요 NanCheHaiYou	
寂寞 외로워요 WiLouWoYou		真没意思 재미없어요 JaiMiAobSaoYou	
生气 화났어요 HwaNaSaoYou		害怕 무서워요 MuSaoWoYou	
不安 불안해요 BurAnHaiYou		累 피곤해요 PiGonHaiYou	
讨厌 싫어요 XiLaoYou		令人不快的 불쾌해요 BurKwaiHaiYou	
难受 괴로워요 GwiLouWoYou		枯燥 지루해요 JiLuHaiYou	
哀伤 슬퍼요 SerPaoYou		冤屈 억울해요 AokWurHaiYou	
悲惨 비참해요 BiChamHaiYou		恼火 짜증나요 ZaZhengNaYou	
焦急 초조해요 ChoCHoHaiYou		软弱无力 무기력해요 MuGiLyaokHaiYou	

<table>
<tr><td>

负担
부담스러워요
BuDamSeLaoWoYou

</td><td></td><td>

吃惊
놀랐어요
NorLatAoYou

</td><td></td></tr>
</table>

▶ 表达感情的时候

A: 我现在感觉很(兴奋)。下雨的话常常会感到(兴奋)。
나는 지금 (흥분했어요). 비가 오면 항상 (흥분해요).
NaNen JiGem (HengBunHaitSaoYou). BiGa OMyaon
HangSang (HengBunHaiYou).

B: 是吗? 我如果下雨的话会感到(恼火)。昨天又下雨,
真(恼火)。
그래요? 나는 비가 오면 (짜증나요). 어제도 비가 와서 (짜증났어요).
GeLaiYou? NaNen BiGa OMyaon (ZaZhengNaYou). AoJeiDou
BiGa WaSao (ZaZhengNatAoYou).

A: 是吗? 和我正相反。
그래요? 저랑은 정반대군요.
GeLaiYou? JaoLangEn ZhengBanDaiGunYou.

我如果下雨的话会感到(快乐), (幸福)与(高兴)的。
전 비가 오면 (즐겁고), (행복하고), (기뻐요).
Jaon BiGa OMyaon (ZhirGaobGou), (HaingBokHaGou),
(GiBaoYou).

B: 我如果下雨的话会感到(寂寞)的。
전 비를 보면 (외로워요).
Jaon BiR BoMyaon (WiLouWoYou).

Chapter 07

❷ 行为动作

来 와요 WaYou 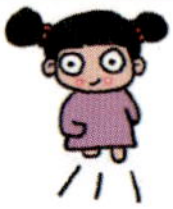	去 가요 GaYou 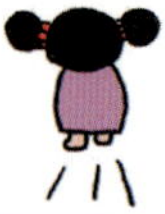
坐 앉아요 AnZhaYou 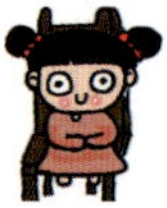	站 서요 SaoYou 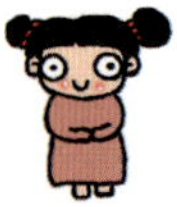
走 걸어요 GaoLaoYou 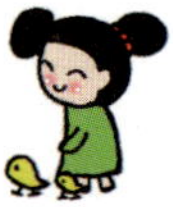	跑 달려요 DarLaoYou 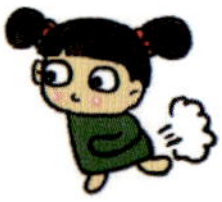
玩 놀아요 NorAyou 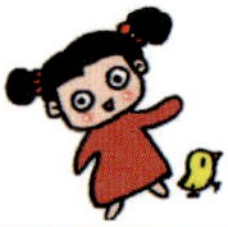	工作 일해요 YirHaiYou 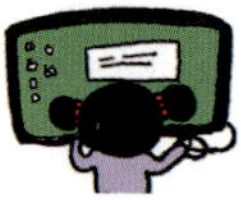
笑 웃어요 WutAoYou 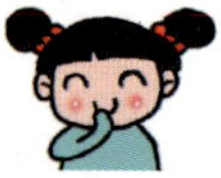	哭 울어요 WurAoYou 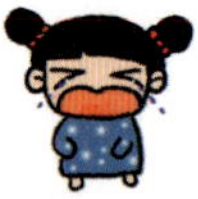
出来 나와요 NaWaYou 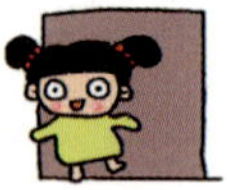	进去 들어가요 DerAoGaYou 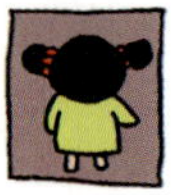
睡觉 자요 JaYou 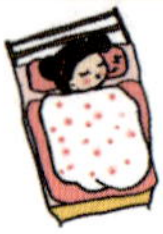	起床 일어나요 YirAoNaYou 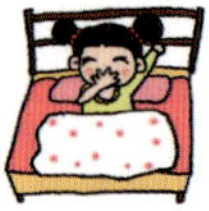

提问
질문해요
JirMenHaiYou

回答
대답해요
DaiDabHaiYou

停止
멈춰요
MemChwoYou

行动
움직여요
WumJikYaoYou

明明把球 扔 了。
밍밍이가 공을 던져요 .
MingMingYiGa GongR (DaonZheYou).

明明在 读 书。
밍밍이가 책을 읽어요 .
MingMingYiGa ChaikR (YiGaoYou).

明明 吃 饭。/ 明明 喝 水。
밍밍이가 밥을 먹어요 . / 밍밍이가 물을 마셔요 .
MingMingYiGa BabR (MaoGaoYou). / MingMingYiGa MurR (MaSyaoYou).

扔
던져요
DaonZheYou

拿
잡아요
JabAYou

读
읽어요
YiGyaoYou

写
써요
SaoYo

吃 먹어요 MaoGyaYou		喝 마셔요 MaSyaoYou	

❸ 时间

点 시 Xi	一点 1시 HanXi	两点 2시 DuXi	三点 3시 SeiXi
四点 4시 NeiXi	五点 5시 DaSaotXi	六点 6시 YaoSaotXi	七点 7시 YirGobXi
八点 8시 YaoDaoXi	九点 9시 AHobXi	十点 10시 YaorXi	十一点 11시 YaorHanXi
十二点 12시 YaorDuXi	分 분 Bun	零一分 1분 YirBun	零二分 2분 YiBun
零三分 3분 SamBun	零四分 4분 SaBun	零五分 5분 OBun	零六分 6분 YoukBun
零七分 7분 QirBun	零八分 8분 ParBun	零九分 9분 GuBun	十分 10분 SibBun

十一分 11분 SibYirBun	十二分 12분 SibYiBun	十三分 13분 SibSamBun	十四分 14분 SibSaBun
十五分 15분 SibOBun	十六分 16분 SibYoukBun	十七分 17분 SibQirBun	十八分 18분 SibParBun
十九分 19분 SibGuBun	二十分 20분 YiSibBun	二十一分 21분 YiSibYirBun	二十二分 22분 YiSibYiBun
二十三分 23분 YiSibSamBun	二十四分 24분 YiSibSaBun	二十五分 25분 YiSibOBun	二十六分 26분 YiSibYoukBun
二十七分 27분 YiSibQirBun	二十八分 28분 YiSibParBun	二十九分 29분 YiSibGuBun	三十分 30분 SamSibBun
三十一分 31분 SamSibYirBun	三十二分 32분 SamSibYiBun	三十三分 33분 SamSibSamBun	三十四分 34분 SamSibSaBun
三十五分 35분 SamSibOBun	三十六分 36분 SamSibYoukBun	三十七分 37분 SamSibQirBun	三十八分 38분 SamSibParBun
三十九分 39분 SamSibGuBun	四十分 40분 SaSibBun	四十一分 41분 SaSibYirBun	四十二分 42분 SaSibYiBun
四十三分 43분 SaSibSamBun	四十四分 44분 SaSibSaBun	四十五分 45분 SaSibOBun	四十六分 46분 SaSibYoukBun

四十七分 47분 SaSibQirBun	四十八分 48분 SaSibParBun	四十九分 49분 SaSibGuBun	五十分 50분 OSibBun
五十一分 51분 OSibYirBun	五十二分 52분 OSibYiBun	五十三分 53분 OSibSamBun	五十四分 54분 OSibSaBun
五十五分 55분 OSibOBun	五十六分 56분 OSibYoukBun	五十七分 57분 OSibQirBun	五十八分 58분 OSibParBun
五十九分 59분 OSibGuBun			

▶ 问时间的时候

A: 几点了?
몇 시예요?
Myaot XiYeYou?

B: (一点)(十分)了。
(한 시) (십분)이에요.
(Han Xi) (SibBun)YiEiYou.

核心生词

上午 오전 OJaon	下午 오후 OHuo	早上 아침 AChim	中午 점심 JaomXim	晚上 저녁 JaoNyaok

Unit 04. 季节, 月, 日, 星期

❶ 季节, 月

现在是 冬天 。
지금은 겨울 입니다.
JiGemEn (GyaoWur) YinMiDa.

季节, 月

春天 봄 Bom		三月 3월 SamWor	四月 4월 SaWor	五月 5월 OWor
夏天 여름 YaoLem		六月 6월 YoukWor	七月 7월 QiWor	八月 8월 ParWor
秋天 가을 GaEr		九月 9월 GuWor	十月 10월 SibWor	十一月 11월 SibYirWor
冬天 겨울 GyaoWur		十二月 12월 SibYiWor	一月 1월 YirWor	二月 2월 YiWor

❷ 日

今天是 一 月 十 号。
오늘은 1 월 10 일입니다.
ONerEn (Yir)Wor (Sib)Yir YinMiDa.

号 일 Yir	一号 1일 YirYir	二号 2일 YiYir	三号 3일 SamYir
四号 4일 SaYir	五号 5일 OYir	六号 6일 YoukYir	七号 7일 QiYir
八号 8일 ParYir	九号 9일 GuYir	十号 10일 SibYir	十一号 11일 SibYirYir
十二号 12일 SibYiYir	十三号 13일 SibSamYir	十四号 14일 SibSaYir	十五号 15일 SibOYir
十六号 16일 SibYoukYir	十七号 17일 SibQirYir	十八号 18일 SibParYir	十九号 19일 SibGuYir
二十号 20일 YiSibYir	二十一号 21일 YiSibYirYir	二十二号 22일 YiSibYiYir	二十三号 23일 YiSibSamYir
二十四号 24일 YiSibSaYir	二十五号 25일 YiSibOYir	二十六号 26일 YiSibYoukYir	二十七号 27일 YiSibQirYir
二十八号 28일 YiSibParYir	二十九号 29일 YiSibGuYir	三十号 30일 SamSibYir	三十一号 31일 SamSibYirYir

❸ 星期

今天是 <u>星期三</u> 。
오늘은 <u>수요일</u> 입니다.
ONerEn (SuoYouYir) YinMiDa.

星期 요일 YouYir	星期一 월요일 WorYouYir 	星期二 화요일 HwaYouYir 	星期三 수요일 SuoYouYir 
星期四 목요일 MokYouYir 	星期五 금요일 GemYouYir 	星期六 토요일 TouYouYir 	星期天 일요일 YirYouYir

▶ 问季节, 日期, 星期的时候

A: 现在是什么季节?
지금은 무슨 계절인가요?
JiGemEn MuSen GyeJaorYinGaYou?

B: 现在是(春天)。
지금은 (봄)입니다.
JiGemEn (Bom)YinMiDa.

A: 今天是几月几号?
오늘은 몇 월 며칠입니까?
ONerEn Myaot Wor MyaoQirYibMiKa?

B: 今天是(一)月(十)号。
오늘은 (1)월 (10)일입니다.
ONerEn (Yir)Wor (Sib)YirYinMiDa.

A: 今天是星期几？
오늘은 무슨 요일이에요?
ONerEn MuSen YouYirYiEiYou?

B: 今天是(星期三)。
오늘은 (수요일)입니다.
ONerEn (SuoYouYir)YinMiDa.

核心生词

下个星期	这个星期	昨天	今天	明天
다음 주	이번 주	어제	오늘	내일
DaEm Zhu	YiBaon Zhu	AoJei	ONer	NaiYir

Unit 05. 天气

今天 晴天 。
오늘은 맑아요 .
ONerEn (MaGaYou).

明天 热 。
내일은 더워요 .
NeiYirEn (DaoWoYou).

晴天 맑아요 MaGaYou 	暖和 따뜻해요 DaDetHaiYou 	风和日丽 화창해요 HwaChangHaiYou 
热 더워요 DaoWoYou 	阴天 흐려요 HeLyaoYou 	起雾 안개 껴요 AnGai GyaoYou 
下雨 비가 와요 BiGa WaYou 	雨停了 비가 그쳐요 BiGa GeChyaoYou 	雨季 장마예요 ZhangMa YeYou 
出彩虹了 무지개가 떠요 MuJiGaiGa DaoYou 	潮湿 습해요 SebHaiYou 	打雷 천둥 쳐요 ChenDung ChyaoYou 
打闪 번개 쳐요 BaonGai ChyaoYou 	刮风 바람이 불어요 BaLamYi BurAoYou 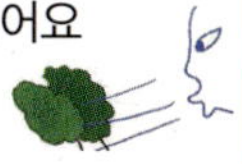	凉快 시원해요 XiWenHaiYou 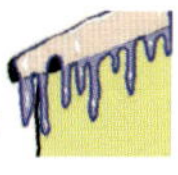

刮台风 태풍이 몰아쳐요 TaiPungYi MorACheYou 	下雪 눈이 내려요 NenYi NaiLYaoYou 	上冻 얼음이 얼어요 AorEmYi AorAoYou 
凉 선선해요 SaonSaon HaiYou 	凉飕飕 쌀쌀해요 SarSarHaiYou 	冷 추워요 ChuWoYou 

▶ 关于天气

A: 今天(明天)天气怎么样?
오늘(내일) 날씨 어때요?
ONer(NaiYir) NarXi AoDaiYou?

B: 今天(下雨)。
오늘은 (비가 와요).
ONerEn (BiGa WaYou).

明天(风和日丽)。
내일은 (화창해요).
NaiYirEn (HwaChangHaiYou).

核心生词

太阳 해 Hai	云 구름  GuLem	雨 비  Bi	风 바람  BaLam
雪 눈  Nen	冰锥 고드름  GouDeLem	星 별  Byaor	月 달  Dar

Unit 06. 数词

固定句式

有 一 个人。
사람이 한 명입니다.
SaLamYi (Han) Myaong YinMiDa.

零 0 영 Yaong 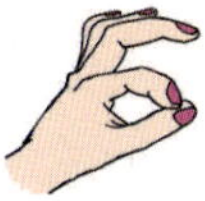	一 1 일 Yir 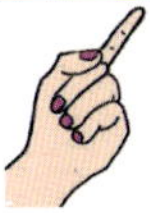	二 2 이 Yi 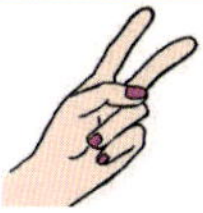
两 두 (2) Du 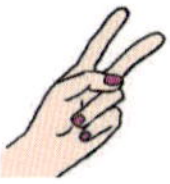	三 3 삼 Sam 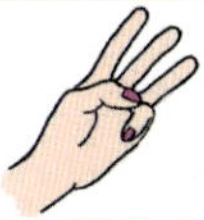	四 4 사 Sa 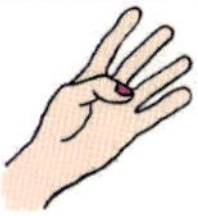
五 5 오 O 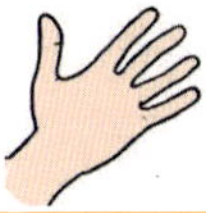	六 6 육 Youk 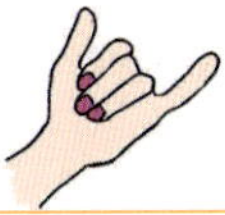	七 7 칠 Qir 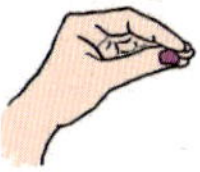
八 8 팔 Par 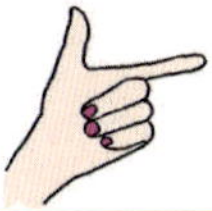	九 9 구 Gu 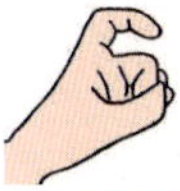	十 10 십 Sib 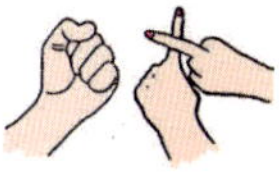
二十 20 이십 YiSib 20	三十 30 삼십 SamSib 30	四十 40 사십 SaSib 40
五十 50 오십 OSib 50	六十 60 육십 YoukSib 60	七十 70 칠십 QirSib 70
八十 80 팔십 ParSib 80	九十 90 구십 GuSib 90	百 100 백 Baik 100
千 1,000 천 Chen 1,000	万 10,000 만 Man 10,000	十万 100,000 십만 SibMan 100,000

<table>
<tr>
<td>

百万
1,000,000 백만
BaikMan

</td>
<td></td>
<td>

千万
10,000,000 천만
ChenMan

</td>
<td>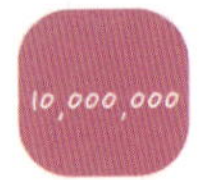</td>
</tr>
</table>

量词

<table>
<tr>
<td>

个人
명
Myaong

</td>
<td></td>
<td>

只
마리
MaLi

</td>
<td></td>
</tr>
<tr>
<td>

个
개
Gai

</td>
<td></td>
<td>

杯
잔
Zhan

</td>
<td></td>
</tr>
<tr>
<td>

瓶
병
Byaong

</td>
<td></td>
<td>

张
장
Zhang

</td>
<td></td>
</tr>
</table>

▶ 问数词的时候

A: 有几个人？
사람이 몇 명인가요?
SaLamYi Myaot MyaongYinGaYou?

B: 有(两)个。
(두) 명입니다.
(Du) MyaongYinMiDa.

A: 有几只狗？
강아지는 몇 마리인가요?
GangAJiNen Myaot MaLiYinGaYou?

B: 有(四)只。
(네) 마리입니다.
(Nei) MaLiYinMiDa.

A: 有几个橡皮擦？
지우개가 몇 개인가요?
JiWuGaiGa Myaot GaiYinGaYou?

B: 有(三)个。
(세) 개입니다.
(Sei) GaiYinMiDa.

A: 你要喝什么？
무엇을 드시겠습니까?
MuAotR DeXiGeitAoYou?

B: 请给我(四)杯咖啡。
커피 (네) 잔 주세요.
KePi (Nei) Zhan JuSeiYou.

请给我(五)瓶啤酒。
맥주 (다섯) 병 주세요.
MaikZhu (DaSaot) Byaong JuSeiYou.

A: 你需要多少张票？
표를 어떻게 드릴까요?
PyouR AoDaotGei DuoLirGaYou?

B: 请给我成人票(六)张，儿童票(七)张。
어른 (여섯) 장, 아이 (일곱) 장 주세요.
AoLen (YaoSaot) Zhang, AI (YirGob) Zhang JuSeiYou.

Unit 07. 期间

固定句式

我要待 一周 。
일주일 머물 겁니다.
(YirZhuYir) MaoMur GaobMiDa.

一天 하루(1일) HaLu(YirYir)	两天 이틀(2일) YiTer(YiYir)	三天 사흘(3일) SaHer(SamYir)	四天 나흘(4일) NaHer(SaYir)
五天 닷새(5일) DatSai(OYir)	六天 엿새(6일) YaotSai(YoukYir)	七天 이레(7일) YiLei(QirYir)	八天 여드레(8일) YaoDelei(ParYir)
九天 아흐레(9일) AHeLei(GuYir)	十天 열흘(10일) YaorHer(SibYir)	一周 일주일 YirZhuYir	两周 이주일 YiZhuYir
一个月 한 달 Han Dar	两个月 두 달 Duo Dar	一年 일 년 Yir Nyaon	两年 이 년 Yi Nyaon

▶ 问期间的时候

A: 你要待多长时间?
얼마나 머물 건가요?
AorMaNa MaoMur GaonGaYou?

B: 我要待(一周)。
(일주일) 머물 거예요.
(YirZhuYir) MaoMur GaoYeYou.

Unit 08. 沟通交流

固定句式

我不会 汉语 。
저는 중국어 를 못합니다.
JaoNen (ChungGukAo)R MotHamMiDa.

英语		韩语		汉语	
영어 YaongAo	ABCD EFGH	한국어 HanGukAo	가나다라 마바사아	중국어 ChungGukAo	谢谢你。 对不起。

▶ 关于沟通交流

A: 你会(汉语)吗?
(중국어) 할 줄 아세요?
(ChungGukAo) Har Zhur ASeiYou?

B: 我不会(汉语)。
저는 (중국어)를 못합니다.
JaoNen (ChungGukAo)R MotHamMiDa.

核心句子

- 我不明白说的是什么。
  무슨 말인지 모르겠어요.
  MuSen MarYinJi MoReGeitAoYou.

- 我不明白是什么意思。
  무슨 뜻인지 모르겠어요.
  MuSen DetYinJi MoReGeitAoYou.

- 请写下来。

  글자로 써 주세요.

  GerZhaLou Sao JuSeiYou.

- 请慢点说。

  천천히 말해 주세요.

  CheonCheonHi Marhai JuSeiYou.

- 明白了吗?

  이해했습니까?

  YiHaiHaitSemMiKa?

- 明白了。

  이해했습니다.

  YiHaiHaitSemMiDa.

- 不明白。

  이해 못 했습니다.

  YiHai Mot HaitSemMiDa.

Unit 09. 味道

好吃 맛있어요 MaXiAoYou 	不好吃 맛없어요 MaAobAoYou 
淡 싱거워요 XingGaoWoYou 	烫 뜨거워요 DeGaoWoYou 
甜 달아요 DarAYou 	咸 짜요 ZaYou 
辣 매워요 MaiWoYou 	辣乎乎的 얼큰해요 AorKenHaiYou 
酸 시어요 XiAoYou 	苦 써요 XaoYou 
涩 떫어요 DaobAoYou 	油腻 느끼해요 NeGiHaiYou 
可口 고소해요 GouSouHaiYou 	清淡 담백해요 DamBaikHaiYou 

<table>
<tr><td>

爽口
시원해요
XiWenHaiYou

</td><td>

</td><td>

腥
비려요
BiLyaoYou

</td><td>

</td></tr>
</table>

▶ 关于味道

A: 饭菜味道怎么样啊?
맛이 어때요?
MatXi AoDaiYou?

B: 这个菜(好吃)。
이 음식 (맛있어요).
Yi EmXik (MaXiAoYou).

核心句子

- 我饿了。
배고파요.
BaiGoPaYou.

- 我吃饱了。
배불러요.
BaiBurLaoYou.